El significado secreto de los sueños

El significado secreto de los sueños

Editorial Época, S.A. de C.V.
Emperadores núm. 185
Col. Portales
03300 México, D.F.

El significado secreto de los sueños
Emilio Pozos

Emperadores No. 185
Col. Portales
03300, México, D.F.
E-mail: edesa2004@prodigy.net.mx
www.editorial-epoca.com.mx
Tels. 56 04 90 72
56 04 90 46

ISBN 10: 970-627-640-8
ISBN 13: 978-970-627-640-7

Impreso en México - *Printed in Mexico*

Introducción

Desde la antigüedad los sueños han sido considerados una forma de contacto con la divinidad y la mejor forma de vaticinar eventos futuros. Los sueños nos traen cada noche universos insólitos, personajes misteriosos, visiones infernales o angelicales, episodios maravillosos que no podríamos vivir despiertos. Soñar es abrir una puerta de la mente. Todas las esperanzas, ambiciones, deseos, miedos, fantasmas, amigos, tiempos buenos y malos residen allí, son parte de la mente primitiva y constituyen una vía de acceso a realidades que están más allá del alcance de la lógica, han sido objeto de estudio a través de los siglos y forman una parte importante del psicoanálisis moderno.

Para que el cuerpo pueda soñar hace falta que se unifiquen la mente y el espíritu, y es entonces cuando nos proveemos de conocimientos sobre nosotros mismos, porque no hay nada en nosotros que no lo podamos conocer a través y por medio de los sueños, pues son un medio para la exploración de la personalidad. Si comprendemos los sueños, nuestros sueños, abriremos una puerta al conocimiento.

Y es que los sueños parecen ser una manera por la cual el subconsciente considera, clasifica y procesa todos los problemas que se encuentran en la vida despierta. Muchas personas piensan que todo lo que se ha dicho sobre la mente y el psicoanálisis, relacionado con la interpretación de los sueños son tonterías, pero no deberíamos caer en el error de pensar que se trata de una seudociencia. El trabajo de famosos psicoanalistas como Freud y Jung pueden ser aplicados de una forma sencilla a la propia experiencia de cada uno, porque al igual que los médicos pueden tratar enfermedades físicas graves.

Es por ello que debemos aprovechar la oportunidad que nos brinda el subconsciente para descubrir el sitio más oculto de nuestro ser y saber qué le depara el futuro, pues los sueños vienen acompañados de verdaderos secretos que quienes los sepan descifrar encontrarán la llave de la salud y la felicidad.

Los sueños en la historia

La historia de la interpretación de los sueños tiene su origen aproximadamente entre el año 3000 y 4000 a.C. Estas interpretaciones y el significado de sueños se documentaron en tabletas de arcilla. Se dice que las personas de sociedades primitivas eran incapaces de distinguir entre la realidad y el mundo de los sueños. No solamente veían el mundo de los sueños como una extensión de la realidad, sino que también para ellos, el reino de los sueños era un mundo más poderoso.

En las épocas gloriosas de Grecia y Roma, los intérpretes de sueños acompañaban a líderes militares en las batallas. Los sueños eran sumamente importantes y frecuentemente vistos como los mensajes de los dioses. Los sueños eran tratados en un contexto religioso y en Egipto, los sacerdotes también actuaban como intérpretes de sueños. Los egipcios registraron sus sueños en jeroglíficos. A las personas con sueños particulares e importantes se les creía bendecidas y se consideraban especiales. Aquellos que tenían el don para interpretar los sueños eran muy solicitados y tratados especialmente.

En la Biblia existen cerca de setecientas menciones de sueños; el sueño aparece como una de las formas elegidas por Dios para transmitir su palabra a algunos de sus hijos mortales. Para tomar un ejemplo, en el libro del Génesis se nos cuenta que al anochecer "cayó sobre Abraham un sueño profundo y le envolvió una oscuridad terrorífica". Entonces, Dios le comunica a Abraham lo que ocurría con sus descendientes hasta la cuarta generación.

Si miramos retrospectivamente a estas culturas ancestrales, las personas siempre han tenido una inclinación a interpretar los sueños. Los sueños también tenían calidad de proféticos. Frecuentemente se buscaba en los sueños señales de advertencia y consejo. Era un oráculo o augurio de los espíritus, bien sea un mensaje de una deidad, de antepasados o incluso los trabajos de demonios. Los sueños frecuentemente dictaron las acciones de líderes políticos y militares y ayudaron en el diagnóstico a aquellos que practicaban distintas formas de medicina. Los sueños eran una pista vital para sanadores para conocer cuál era la enfermedad del soñador y se usaban para hacer un diagnóstico. La gente de las antiguas civilizaciones griega y china buscaban en sus sueños pistas para decidir sus actuaciones.

El mundo de los sueños puede verse como un lugar real al cual el espíritu y el alma van cada noche a visitar. Los chinos creían que el alma dejaba sus cuerpos para ir a este mundo. Sin embargo, si eran repentinamente despertados, su alma podría fracasar en volver al cuerpo. Por esta razón, aún hoy en día, algunos chinos son reservados con los despertadores.

En algunas partes de Europa, como Transilvania, se cuidaba de mantener cerrada la boca de los niños dormidos para que el alma, que tiene algo de pájaro, no pudiera salir del cuerpo de la criatura, o bien se desaconsejaba dormir durante unos días cerca del lugar donde había muerto un hombre para no toparse con su espíritu que, algo desconcertado por su nueva condición de muerto, buscaba con desesperación comunicarse con algún ser querido. Los malayos intentaban tiznar el rostro de su enemigo mientras dormía para que, de regreso, el alma no reconociera a su dueño.

Algunas tribus indígenas americanas comparten esta misma noción de una dimensión distinta del sueño. Ellos creían que sus ascendientes vivían en sus sueños y tomaban formas no humanas; por ejemplo, plantas. Ellos veían los sueños como una forma de visitar y tener contacto con sus ancestros. Los sueños también les ayudaban a indicar su misión o papel en la vida.

A finales del siglo XVIII, los sueños habían perdido la importancia que tuvieron a través de los siglos y se les tomaba como producto de la ansiedad o simple indigestión; por tanto, no se les daba significado alguno. Más tarde, en siglo XIX, Sigmund Freud revivió la importancia de los sueños, su significado y necesidad de interpretación. Freud verdaderamente revolucionó el estudio de los sueños.

Sigmund Freud y los sueños

Sigmund Freud fue sin duda uno de las personas más influyentes dentro del desarrollo del pensamiento durante el siglo XX. Su teoría de que nuestras mentes guardan recuerdos y emociones en nuestro subconsciente transformó la forma en la que los humanos estudiaban la mente humana.

Y es que este destacado médico nacido en 1856, decía que a lo largo de la historia, hubo tres grandes humillaciones: el descubrimiento de Galileo, que no somos el centro del Universo; el descubrimiento de Darwin, que no somos la corona de la creación; y su propio descubrimiento, que no controlamos nuestra propia mente. Él sostenía que las emociones enterradas en la superficie subconsciente suben a la superficie consciente durante los sueños, y que recordar fragmentos de los sueños podía ayudar a destapar las emociones y los recuerdos enterrados.

Freud mantenía que todos los sueños representan la realización de un deseo por parte del soñador, incluso los sueños tipo pesadilla; de ahí que todos y cada uno de los sueños son interpretables. Aunque la labor de interpretar los sueños no recae en su conjunto sino sobre sus partes basándose en una especie de libro de los sueños, donde cada cosa soñada significa algo sin considerar la peculiaridad de cada sujeto. Así que primero se descompone el relato en partes, y recién al final surge la interpretación final o global, en la cual se nos revela el sueño como una realización de deseos.

Sin embargo Freud se equivocó en muchas de sus teorías, como la idea de que el centro del inconsciente es necesariamente sexual, aunque esto no significa que el padre del psicoanálisis no tenga un gran peso cuando de sueños y comportamiento hablamos.

Significado secreto de los sueños

— A —

Abadía. Soñar con un abad es casi siempre indicador de un casamiento seguro. Es símbolo de alegría y felicidad, aunque esto no asegura que sea por mucho tiempo, porque debemos recordar que en los matrimonios no todo es miel sobre hojuelas. Si se encuentra en problemas y sueña con una abadía, quiere decir que los sufrimientos se dispersarán poco a poco, aunque si ésta se encuentra en ruinas significa que encontrará grandes dificultades, pero sobre todo, sufrirá de una soledad agobiante.

Abandono. Si una joven sueña que está abandonando su hogar o a sus familiares, o su empleo o negocios, simboliza que se encuentra a disgusto en el ambiente en el que vive, por lo cual anhela un cambio. También insinúa problemas diversos, incluyendo la vida sentimental.

El soñarse abandonado(a) indica que habrá dificultades para planear un futuro exitoso, debido a cierta desconfianza en los demás. Soñarse abandonando a otras personas insinúa que está por enfrentar condiciones y limitaciones difíciles de superar. Soñarse abandonando su casa indica que se acercan infortunlos familiares o de dinero, así como estar expuesto(a) a sufrir pérdidas debido a la intervención de personas de mala fe. Soñarse abandonando a la novia, novio o amante indica que se sufrirán pérdidas económicas y de valores diversos como efectos personales, amistades, negocios, etc. Soñarse abandonando al cónyuge insinúa que sorpresivamente se recibirán noticias tales como de una herencia, aunque esto no siempre implica poseer dinero o riquezas, pues también pueden heredarse deudas o responsabilidades.

Si lo que se abandona es la religión que se profesa, indica deslealtad a sí mismo(a) por lo cual habrá sufrimiento y remordimiento por haber afrentado la fe de otras personas que pueden estar en aptitud de ejercer venganza. Soñarse abandonando niños indica que habrá reveses y pérdidas debido a la falta de serenidad al juzgar los asuntos que se están manejando y tomar decisiones sin meditarlas. Soñarse abandonando los propios negocios indica que se aproximan calamidades y problemas que pueden conducir a la miseria por pleitos. Soñar a un familiar o amigo a bordo de un barco abandonado y anclado indica que se aproximan complicaciones en los negocios o las relaciones sociales. En el caso de que la persona en el barco de alguna manera escape y finalmente llegue a tierra firme, indica que a pesar de los problemas que se presenten, saldrá bien librado y en caso de haber pérdidas, éstas no serán considerables. Soñarse abandonado en algún sitio o lugar desconocido indica que se presentarán penas morales por ingratitudes o resentimientos.

Abanico. Soñar abanicos de cualquier tipo pronostica agradables sorpresas, particularmente hacia lo femenino. Una joven que sueña que alguien la abanica, insinúa que recibirá distinciones y quizá hasta honores. Cuando una mujer sueña haber perdido su abanico, insinúa que su enamorado no es de fiar o que sus asuntos o negocios tampoco son contables al menos por el momento, debido quizá a la intervención de personas negativas. Si el abanico es grande y de color negro significa que le sobrevendrá una traición de alguien muy cercano, pero si es de gran tamaño y de colores quiere decir que es momento de que vea la vida con más optimismo y serenidad, porque después de todo es tan bella.

Abatimiento. Este sueño suele indicar debilidad, falta de carácter, pero también representa una oportunidad para no desanimarse por los reveses de la fortuna ya que éstos se vencen con la diligencia.

Abatir. Si se sueña que se ha abatido a alguno o derribado algo, esto es presagio de que se tendrá valor para vencer un obstáculo muy grande.

Abdicar. Si en el sueño quien abdica es un rey o un presidente, es una señal y una advertencia de que muy probablemente malos negocios lo llevarán a la ruina. Si es el mismo soñante quien abdica, suele significar esperanzas de ganar dinero o la llegada de una alegría cercana.

Abdomen. Si en el sueño, el abdomen del soñante engorda, suele significar esperanzas de riqueza, honores o éxitos profesionales. Por el contrario, si en sueños, el abdomen del soñante adelgaza, es casi siempre un presagio de pobreza.

Abedul. Soñar con un abedul o un bosque de abedules suele ser indicio de suerte y felicidad, usualmente con promesas de éxito y/o beneficios financieros.

Abejas. Soñar abejas es buen presagio, pues indica éxitos cercanos en el trabajo y en todos los asuntos que se estén manejando. Soñarse matando una o más abejas insinúa que tendrá diversos contratiempos. Soñar abejas enfurecidas que nos atacan augura conflictos con los asociados, o que se está abandonando el trabajo a causa de la búsqueda de placeres, lo que puede acarrear desgracias y la ruina final. Soñarse picado por abejas insinúa que sufrirá perjuicios por parte de alguien en quien ha confiado y a quien aprecia. Soñarse comiendo miel de abejas insinúa prosperidad presente y futura. Soñarse rodeado de abejas volando de manera pacífica indica estar rodeado de personas de buena conducta. Soñar avispas en vez de abejas indica estar rodeado de personas negativas que están buscando la forma de hacer daño a quien sueña. Soñar abejas sobre una flor es símbolo de un amor naciente. En general, soñar con abejas es un buen presagio, puesto que representa el trabajo y la laboriosidad, a menos que éstas nos estén atacando.

Abejorro. Soñar con abejorros o abejones suele significar fastidios previsibles. El abejón suele indicar que muy probablemente los adversarios del soñante se volverán particularmente amenazantes casi siempre con graves perjuicios financieros. En muchos casos también suele indicar traición.

Abertura. Si en sueños se nos aparece una abertura, es siempre una señal de esperanza y una indicación clara de que existe una salida para los problemas que aquejan al soñante o a sus seres cercanos.

El tamaño de la abertura se encuentra directamente relacionado con la rapidez o efectividad de la solución que se presentará.

Abeto. Soñar un abeto o un bosque de abetos es un excelente augurio. El aspecto del abeto visto en sueños suele aclarar la predicción resultante. La importancia y la calidad de su follaje, su tamaño o el sitio en el que se encuentra situado y como está rodeado son criterios que ayudan a determinar la predicción para el futuro próximo. El abeto suele anunciar hechos importantes que modifican de manera feliz las circunstancias del soñante. Indica también paz en el corazón y el espíritu. Si en el sueño el soñante u otra persona corta un abeto, es una advertencia clara de que se deben controlar los gastos y extremar la prudencia en todos los asuntos económicos.

Abogado. Soñarse encontrando repentinamente a un abogado insinúa que en el medio en que se vive hay intrigantes que pretenden despojar y perjudicar al soñante, razón por la que se deben tomar precauciones. Soñar a un abogado en el interior de una taberna insinúa que los enemigos del soñante se valdrán de sucias artimañas a fin de complicar sus asuntos. Soñar que se es defendido por un abogado significa que el soñante recibirá ayuda sincera y desinteresada por parte de familiares y amigos, pero por la naturaleza propia del sueño, el soñante sentirá nuevos temores, aunque infundados. Soñarse de alguna manera relacionado con abogados, quiere decir que se está en riesgo de enfrentar serios problemas, aunque no necesariamente legales. Cuando una mujer se sueña hablando con abogados significa que, debido a indiscreciones en su conducta, corre el riesgo de ver manchada su reputación.

Abono. Soñar con abono en todas sus formas es un indicio de perspectivas favorables en un futuro próximo acompañado de promesas de ganancias. El abono suele significar convenios fructíferos en las actividades profesionales que permitirán esperar el éxito.

Abordar. Si en sueños el soñante es abordado por una persona desconocida en casi todos los casos suele indicar una sorpresa inesperada que podría manifestarse como una llegada de dinero, una herencia, ganancias en diversas formas, honores. Si por el contrario, es el soñante quien aborda a otra persona, suele indicar que ya se presiente la necesidad de solicitar ayuda externa para algún problema que le aqueja.

Aborto. Soñar con abortos nunca es un buen presagio. Si se participa en un aborto suele indicar penas y desgracias, quizás enfermedades, separación o pérdida de un pariente o persona cercana.

Abrazar. Soñar abrazos por lo general indica hipocresía, mentira, falsedad, especialmente si es el soñante quien recibe el abrazo. Soñarse abrazando al cónyuge indica que habrá discusiones y dificultades por malos entendidos y quizás por sospechas. Cuando el abrazo es con una persona anciana, significa enfermedad en alguien de la familia. Soñar abrazos entre amantes casi siempre indica disensiones, pleitos y hasta rompimiento de relaciones. Soñarse abrazando a una persona extranjera insinúa la próxima visita de alguien indeseable. Soñarse abrazando a alguien significa que habrá decepciones con amores o amistades muy cercanas. Cuando una mujer sueña que abraza a un hombre desconocido insinúa un deseo escondido de tener alguna conducta ilícita. Una mujer casada que se sueñe abrazando amorosamente a un hombre que no es su marido, es un aviso de que está poniendo en riesgo y en entredicho su honor. Los abrazos en sueños, tanto si se dan como si se reciben, suelen presagiar la partida de un familiar querido o un amigo. En algunas ocasiones estos abrazos son una advertencia de que no todas las muestras de afecto que se reciben son sinceras.

Abrevadero. Soñar caballos bebiendo en un abrevadero, es señal de que se experimentará una próxima alegría; si el animal que bebe es un asno, indica un pleito ganado, si el pilón está seco, presagia un misterio o puede ser presagio de contrariedades; si el abrevadero está lleno de inmundicias, predice el nacimiento de un niño. Ver un abrevadero o bebedero en sueños suele ser símbolo de tranquilidad. Si se sueña que se bebe de él, suele indicar pérdidas de dinero, aunque no siempre cuantiosas. Si se ven animales bebiendo de él, es un presagio de gratas noticias. Si el agua del abrevadero es clara, es símbolo de alegría; si por el contrario, el agua se ve turbia, indica la llegada al mundo de un familiar. Ver en sueños a un animal silvestre bebiendo, ya sea de un abrevadero o de otro sitio, suele indicar que existe peligro de una emboscada. Pero si es un animal doméstico el que bebe, es indicio de que se recibirá ayuda y consuelo.

Abrigo. Soñar un abrigo de cualquier tipo insinúa que se sufrirán contrariedades y humillaciones por parte de enemigos gratuitos. Soñarse usando un abrigo prestado anuncia que personas extrañas le harán daño mediante intrigas y calumnias. Soñarse usando un abrigo nuevo, aunque no sea de lujo, insinúa que todo va bien en sus asuntos y que pronto se verán los buenos resultados. Soñar que se lleva un abrigo puede significar que se está escondiendo la verdadera personalidad bajo una capa protectora de apariencias. Si es otra persona quien lleva el abrigo es que existen intrigas alrededor.

Abril. Es símbolo de renacimiento, de alegría. Soñarse viviendo en el mes de abril indica que las cosas han empezado bien y que está próxima la realización de viejos deseos. Soñarse en el mes de abril, pero cuando el cielo aparece nublado y peor aún si soplan vientos fríos o tormentosos, indica que en el futuro inmediato saldrán mal los asuntos que se estén manejando.

Absceso. Cuando se sueña que se nos forma un absceso, debemos temer un estorbo cualquiera. Si en el sueño parece que el absceso se dilata, significa que habrá logros cercanos, después de muchas dificultades.

Absolver. Soñarse absuelto de algún delito, aunque no sea grave, indica que pronto estará en posesión de los beneficios que ha estado deseando, pero eso le acarreará algunos problemas y riesgos que se deben manejar con mucho cuidado. Soñar que otras personas son absueltas de algún delito o acusación insinúa que el soñante pronto recibirá algunos beneficios que lo mismo pueden ser esperados que imprevistos.

Abstinencia. Estos sueños presagian siempre felicidad profunda.

Abuelos. Soñar a los abuelos insinúa que se tienen temores y dudas y por esa razón se busca algún consejo que ayude a resolver las complejas dificultades que le están molestando.

Abundancia. Si se sueña que se tiene abundancia de bienes significa que existe una seguridad engañosa. Si, por otra parte, se sueña que la abundancia es de satisfacciones, indica que hay muy buenos augurios para una boda con la persona que se ama.

Acacia. Soñar una o varias acacias es indicación de la existencia de cariño puro, afecto leal. Si se está sentado al pie de una acacia o se está contemplando una suele indicar amor platónico.

Academia. Soñar con una academia de sabios suele significar fastidio de enseñanza, futuros ratos alegres y próximo matrimonio ventajoso si el soñante es una mujer joven.

Acaparador. Los acaparadores suelen indicar que existen quienes quieren apoderarse de su dinero o bienes. Es un sueño de advertencia para que procure tener bien guardado su dinero y cuidar de la puerta de su casa, pues pudiera ser que alguien lo está acechando.

Acceso. Soñar que se tiene un acceso de tos puede indicar que existen colaboradores que revelan sus secretos. Soñar con accesos de locura es una señal de que se recibirán favores merecidos.

Accidente. Soñar con un accidente del cual se es testigo pasivo, es señal de una cobardía, que será provechosa al que sueña. Si se auxilia a la víctima, es presagio de la traición de un amigo.

Acechar. Los sueños de acecho pueden significar unas veces, separación corta de dos enamorados o ausencia momentánea de la población donde se vive. Otras, cambio de modo de proceder en los asuntos particulares. Soñar que se está en acecho en la casa es presagio de goces o placeres venideros.

Acedera. Este sueño suele predecir dolores, es también un sueño de advertencia sobre dificultades en los negocios por gastar más de lo que se gana.

Aceite. Soñar aceite derramado por el suelo o sobre cualquier objeto, es señal de una pérdida irreparable, si el aceite es derramado sobre el soñante, presagia provecho o beneficios. Si se adquiere el aceite significa prosperidad.

Aceitunas. Soñar que saca aceitunas de un frasco y se las come insinúa que se acercan ya los éxitos particularmente sociales. Soñarse alegre a la sombra de un olivo arrancando aceitunas, significa que tendrá éxito en lo que está haciendo o anhelando. Soñar que rompe un frasco con aceitunas quiere decir que en la vida diaria se está trocando el placer por el trabajo, lo cual producirá malos resultados.

Acercarse. Si en el sueño se acerca a un príncipe o gran señor, indica vanidad de poco provecho. Si por otra parte, en el sueño, se acerca un rey, es presagio de una posible desgracia.

Acero. Soñar fundir el acero indica perseverancia en los proyectos. Si se sueña que se compra acero es señal de comercio próspero. Venderlo es signo de herencia.

Achaques. Ver en sueños a alguien achacoso es señal de aflicción. Si en el sueño es el propio soñante el achacoso, es anuncio de que se hallará exento de toda clase de males.

Acogida. Si en el sueño la acogida es favorable, puede indicar indiscreción de una mujer, si por el contrario, la acogida es desfavorable, es un aviso de que se deben escuchar los consejos y avisos que se reciben. Si la acogida no es ni favorable ni desfavorable, suele significar infidelidad.

Acólitos. Si los acólitos que se sueñan son de catedral, es indicador de una mala noticia, conspiración doméstica. Si, por otra parte, los acólitos no son de catedral, es un sueño de advertencia para tener precaución para evitar algún perjuicio o situación peligrosa.

Aconsejar. Soñarse recibiendo consejos de alguien indica auto reproche porque no se está actuando correcta ni honestamente, y se corre el riesgo de desprestigiarse ante los demás. Soñarse dando consejos significa que pronto tendrá dificultades con familiares o amigos. Soñarse pidiendo consejo es anuncio de que tendrá éxito en lo que está haciendo o planeando.

Soñarse rehusando los consejos de alguien indica riesgo de enfermedad o de fracasos.

Soñarse solicitando consejos legales indica riesgo de caer en problemas judiciales por estar realizando actos fuera de la ley.

Acostarse. Soñar que se acuesta con una persona del sexo opuesto puede significar un obstáculo a sus designios. Si en el sueño se acuesta con otra persona del mismo sexo puede indicar contrariedad. Si con quien se acuesta en el sueño es un hombre feo indica enfermedad, si por otra parte es un buen mozo indica engaño. Acostarse con una mujer fea significa muerte. Con una linda mujer indica traición. Acostarse con su cónyuge ausente presagia una mala nueva. Si es con su consorte indica regocijo. Acostarse con la propia madre indica seguridad en los negocios. Acostarse con la hija significa escándalo. Si es con su hermana puede indicar un viaje cercano. Acostarse con una ramera presagia fortuna permanente.

Acreedor. Soñar que se recibe la visita de un acreedor anuncia seguridad en los negocios, con mezcla de alguna inquietud.

Acróbata. Acróbatas en acción insinúa que el soñante está expuesto a malos entendidos y a pasar vergüenzas debido a temores infundados de otras personas que ejercen influencia negativa. Soñar que los acróbatas fallan en sus maniobras significa que habrá pérdidas en los negocios que esté manejando. Soñarse a sí mismo realizando acrobacias fallidas implica que se siente limitado o incapaz en su actividad, debido a las constantes interferencias de enemigos más o menos ocultos e hipócritas. Soñarse realizando acrobacias perfectas insinúa altas probabilidades de éxito en todos sus asuntos. Soñar mujeres realizando acrobacias insinúa que el nombre del soñante será enlodado o desprestigiado por habladurías, lo cual alterará en mayor o menor grado su vida en los negocios, el empleo, la relación sentimental, etc. Si una joven sueña acróbatas en acción indica que está siendo o será cortejada por hombres poco o nada serios e incluso que no son de su agrado. Si el sueño implica tener relaciones con un acróbata quiere decir que desea experimentar aventuras pasajeras.

Acróstico. Soñar que se quiere o se compone un acróstico es un presagio de dificultades casi insuperables.

Acta. Si es el propio soñante quien se encuentra firmando un acta es una señal funesta.

Actividad. Soñar que uno es muy activo indica una negligencia perjudicial a sus intereses.

Actores. Soñar actores o actrices en plena actuación, alegres, insinúa frivolidad que es conveniente evitar. Soñar a cualquier actriz indica que los negocios y otros asuntos que esté efectuando no cambiarán en largo tiempo. Soñar a una actriz actuando en un foro significa que pronto surgirá una decepción por algo inesperado. Si el (la) soñante se siente enamorado(a) de la actriz (o actor) indica un sufrimiento cercano. Soñarse hablando con un actor o actriz es signo de vanidad. Soñar a una actriz que sufre indica que el soñante podrá ayudar a alguna persona que lo necesite por estar en desgracia. Soñarse teniendo amores con un actor o actriz insinúa el deseo de aventuras ilícitas, así como que el o la soñante, debido a su vanidad, se considera con suficiente talento para auto superarse y lograr una vida mejor, es decir, que guarda un íntimo descontento por lo que actualmente posee. Soñar actores muertos es signo de mala suerte debida a una errónea administración de sus asuntos, lo que podría redundar en actos violentos o fracasos que conducirían a la pobreza. Soñar actores o actrices vagando sin dirección fija y exhibiendo su penuria es un aviso de que el soñante corre el riesgo de sufrir serios fracasos en sus relaciones sociales, de negocios o de empleo, como consecuencia de haber descuidado sus deberes y responsabilidades. Una mujer, y peor aún si es joven, que se sueña como actriz, o cuando un hombre se sueña siendo actor, indica que irremediablemente tienen que trabajar para subsistir y aunque les desagrade, será mejor que trabajen con entusiasmo y resignación. Cuando una mujer se sueña casada o en juegos amorosos insinuantes con algún actor famoso revela su mentalidad fantasiosa. Por lo tanto es un sueño para advertirle que por ese camino de ilusiones no llegará a ninguna parte. Cuando un hombre se sueña jugando o simplemente divirtiéndose con una actriz famosa revela que anhela liberarse de algunas presiones, quizá a consecuencia de relaciones tensas con la esposa.

Acueducto. Es un buen presagio y en general significa patrimonio.

Acumular. La acumulación suele ser un sueño de advertencia e indica que los propios proyectos serán contrarios a los intereses.

Acusación. Soñarse acusado legalmente anuncia que se está en serio riesgo de caer en problemas legales, o por lo menos en conflictos diversos. Los enamorados que se sueñan acusándose entre sí significa que sus diferencias de carácter, de conducta y de intereses son tan fuertes que su relación no podrá seguir adelante.

Acusador. Es un sueño de advertencia, si en el sueño se ve o se oye a su acusador, tenga o no razón, invita a ser prudente.

Acusar. Si en el sueño se acusa a alguien de un crimen indica tormento, inquietud. Si en el sueño se es acusado por un hombre significa buen éxito. Si por el contrario se es acusado por una mujer significa malas noticias. Soñarse acusado por la muerte significa buenas noticias.

Adiós. Soñarse en el principio de un viaje y recibiendo el adiós de despedida es un mal presagio. Soñarse despidiéndose de mano de alguien a la vez que se recibe el adiós insinúa que será una corta ausencia, ya sea del soñante o de otra persona. Soñarse despidiéndose de una persona desagradable para el soñante, o que otras personas hacen la despedida indica que desaparecerán o por lo menos disminuirán los problemas que atraviesa de momento el soñante. Soñarse despidiéndose de mucha gente por sentirse una persona muy popular o aun famoso insinúa que el soñante no está conforme con la mediocridad o el medio ambiente que le rodea y que desea relacionarse con personas importantes a fin de mejorar sus condiciones sociales, políticas y económicas. Soñarse despidiéndose de mucha gente que se manifiesta triste y silenciosa, como generalmente sucede en los cementerios después de una inhumación, indica que nada de lo planeado será conseguido a corto plazo y que las relaciones sociales tampoco mejorarán. Soñarse despidiéndose alegremente del propio hogar insinúa que se anhela y tal vez ya se está planeando realizar un largo viaje que podría ser de luna de miel o por alguna otra razón importante y provechosa. También se puede referir a un cambio de empleo o de fortuna inmediato.

Administración. El que sueña que forma parte de una administración tiene un presagio de miseria. Sea cual fuere el puesto que ocupe, mas, por el contrario, si en sus sueños abandona su puesto en esta administración, su posición tiende a mejorar.

Admiración. Soñarse admirado por varias personas indica que se sabe, o por lo menos se supone que cuenta con la simpatía de quienes le rodean, y esto, en consecuencia, mejorará sus relaciones sociales y de trabajo o negocios. Este sueño es un aviso en el sentido de que el soñante debe cuidar su prestigio, quizá por estar procediendo indebidamente. Soñarse admirando a alguna de sus amistades o conocidos, insinúa propósitos malsanos del soñante para tratar de influir sobre alguien o por lo menos para ridiculizarlo.

Adolescente. Si en el sueño, el adolescente fuera moreno, es pronóstico de salud perfecta, si es rubio, anuncia próximo aumento de fortuna, y engaño de mujer.

Adopción. Soñarse adoptando niños o personas jóvenes o mayores de edad, insinúa que el soñante busca simpatizar en cierto nivel de la sociedad, con el fin de encumbrarse y tal vez hacerse rico, claro está a costa de personas ingenuas y crédulas o extranjeras. Soñarse adoptando a un niño pequeño indica que el soñante desea simpatizarles a otras personas porque se siente solitario. Ciertamente, el adoptar a un niño representa un cambio de vida, y en consecuencia, puede tratarse de un cambio de casa o de ciudad, o tal vez de empleo o de negocios, para todo lo cual se han presentado diversos inconvenientes. También podría indicar que no desea que algunos vecinos a quienes se estima se muden de casa.

Adoración. Los sueños de adoración suelen indicar alegría y felicidad. Si se adora a Dios es señal de tranquilidad de ánimo. Si se adoran estatuas, es señal de felicidad.

Adornos. Soñar la casa adornada y decorada con flores o colores en las paredes o en los muebles, arreglada como para una fiesta, es una promesa de que alcanzará triunfos y ganancias en su trabajo y hasta cierto éxito en lo social. Soñar que otras personas están adornando y decorando un sitio para honrar a alguien insinúa que se está molesto porque no ha sido valorado como esperaba. Soñar muchos y exagerados adornos significa que el soñante espera o anhela recibir honores. Soñarse recibiendo honores insinúa que pronto mejorarán sus asuntos proporcionando ganancias, lo cual puede ser por sorpresa. Soñarse destruyendo adornos u ornamentos quiere decir que su conducta es extravagante e inconsistente, lo que le conducirá a tener pérdidas y fracasos.

Adquisición. Si ésta es de objetos necesarios para la vida y el bienestar, indica que, si se es pobre, pronto se será rico, si se es rico, la adquisición presagia que las diligencias tendrán un buen resultado.

Aduana. Soñarse en una aduana frente a los empleados que revisan documentos o paquetes indica que los competidores están atentos a lo que está haciendo el soñante a fin de sacar ventaja de él. Soñarse agasajado por el personal de una aduana insinúa que próximamente se recibirán retribuciones por sus actos. Soñarse saliendo de una aduana significa que se están viviendo o que pronto se vivirán fracasos y pérdidas no necesariamente en el aspecto económico.

Adular. La adulación, del modo que se sueñe, es un signo negativo que indica deshonor.

Soñarse buscando la adulación de los demás o de alguien en particular insinúa que en la vida real el soñante busca alcanzar posiciones ventajosas valiéndose de actos no muy limpios como son el engaño, la mentira, la hipocresía, las falsas promesas, etc. Soñarse adulando a alguien significa que en la vida real se es capaz de cometer inmoralidades a fin de conseguir favores vergonzantes.

Adulterio. Un adulterio, del modo que se sueñe es un signo negativo para el propio soñante. Soñar en adulterio a otra u otras personas significa que cerca del soñante hay personas hipócritas que pronto le causarán dificultades a él o a su familia, aunque no haya motivos justificables para ello. Soñarse cometiendo adulterio implica riesgo serio de sufrir un castigo legal debido a la comisión de actos ilícitos. También puede ser que el soñante tenga una sexualidad reprimida o insatisfecha por razones ajenas a su voluntad. Cuando una mujer se sueña cometiendo adulterio insinúa que, a su mal carácter e intransigencia, siente que no será capaz de conservar el amor del marido o amante, lo cual la hace pensar en tornar venganza.

Cuando una mujer se sueña cometiendo adulterio con algún amigo de su esposo indica, entre otras interpretaciones, que consciente o subconscientemente desea vengarse de las desatenciones e indiferencias del esposo, lo cual, obviamente, puede conducir a situaciones delicadas en el matrimonio, por lo tanto ese sueño es en realidad un aviso para que pueda resolver a tiempo los malos entendidos.

Adversario. Significa que el fin de una rivalidad se acerca.

Adversidad. Si se sueña con la adversidad de los enemigos indica gozo, satisfacción. Soñar con la propia adversidad es una invitación a tener ánimo.

Advertencia. Si en el sueño la advertencia es recibida y aprovechada significa prosperidad en los negocios y felicidad. Si la advertencia la da el soñante a otro significa orgullo. Si en el sueño se ve a alguien más dar la advertencia, insinúa desgracia.

Afeitarse. Soñar que uno mismo se afeite o que le afeiten es señal de pérdida de bienes, de honores o de salud.

Afilador. Este sueño es una amonestación sobre su conducta, es posible que se esté complaciendo sembrando la discordia y la desunión. Es necesario que modifique su actuar o usted será el único responsable de los posibles desenlaces.

Agitación. Significa que le llegará suficiente riqueza.

Agonía. Cualquier sueño de agonía o muerte es muy penoso y molesto para el o la soñante, pues hace que la imaginación se agite; no obstante, en la realidad sólo excepcionalmente anuncia muerte, pues por lo general se refiere a pérdidas materiales importantes dependiendo de lo que el soñante esté manejando, pero siempre con una solución probable. Soñarse en agonía, indica que se está viviendo con incertidumbres y temores más o menos imaginarios, pero que casi siempre resultan injustificados. Sin embargo, esto suele anunciar enfermedad propia o de algún ser querido, aunque no sea nada de cuidado. Este sueño es frecuente en personas aprensivas. Soñar a una mujer en agonía insinúa que se está escapando de las manos del soñante alguna herencia o un buen negocio o importante oportunidad de mejorar el empleo.

Agua. El agua sucia y estancada, aun si está corriente, indica maldad, corrupción, latrocinio.

Soñar agua limpia, transparente en cualquier forma, es siempre buen presagio de alegrías, gusto por vivir, prosperidad, tranquilidad etc. Cuando se sueña agua sucia, en cualquier forma que aparezca y peor si es lodosa, insinúa mala salud o acontecimientos desagradables, amistades indeseables e hipócritas. Soñar que agua limpia y fresca cae en la cara o en la cabeza del soñante, es anuncio que las ilusiones de amor van bien. Cuando el agua es clara, limpia y parece quieta o acaso con suaves ondulaciones y reflejando al cielo, es un reflejo de lo cósmico, es la meditación tranquila. Soñarse jugando con agua limpia o caminando en ella anuncia que pronto habrá ilusiones agradables, lo que es más indicativo si aparecen plantas de ornato y flores acuáticas. Soñarse bebiendo agua fresca y exquisita es anuncio de la próxima realización de sus deseos. Soñar una hermosa cascada, o una bonita fuente que esparce el agua, presagia que muy pronto el soñante recibirá una amplia y merecida recompensa a sus esfuerzos, así como que habrá salud. Cuando dicha agua aparece en algunos sitios en corriente agitada, presagia honores, éxitos sociales, etc., particularmente cuando se desenvuelve en un medio apropiado como lo es el intelectual. Soñarse acarreando agua limpia para uso doméstico insinúa que sus asuntos prosperan y que pronto alcanzará nuevas metas con éxitos. Soñar personas alegres, que pasan llevando agua limpia para uso doméstico, insinúa que sus asuntos van por buen camino y que pronto rendirán importantes ganancias que le permitirán disfrutar de diversiones, paseos y otros beneficios que ha estado deseando. Soñar agua sucia, lodo que se le supone pestilente y peor si aparece movida por una tormenta, es anuncio de riesgos, peligros, tristeza. Si esa agua sucia inunda su hogar, simboliza que el soñante está rodeado de enemigos más o menos ocultos que tratarán de perjudicarlo.

Si el soñante se ve tratando de sacar dicha agua, pero cuyo nivel sigue creciendo, subiéndole por los pies, indica enfermedades, ruina muy cercana, desgracias personales y familiares.

En la realidad, este sueño es un aviso para poner más cuidado a sus actividades en el trabajo, los negocios o la vida social.

Aguador. Soñar con uno o varios aguadores indica fastidio, cansancio, fatiga, ya sea la propia del soñante o la de alguien cercano dependiendo del contexto.

Aguardiente. Es símbolo de que el soñante se está dejando tentar por placeres torpes y groseros.

Águila. Soñar un águila en libertad representa herencia o valores materiales, o sea todo lo que de alguna manera signifique dinero, por ejemplo negocios, cobros o pagos, pero todo ello en contraste con lo espiritual. Soñar un águila parada en lo alto de una montaña insinúa que la fama y la fortuna deseadas aún están distantes en el tiempo, pero finalmente llegarán. Soñar que un águila ataca al soñante y éste lucha con ella significa diversos peligros contra los que se debe estar preparado. Cuando en esa lucha el o la soñante sale triunfante y el águila se va, es anuncio de éxito en sus actividades. Si al vencerla el soñante la mata, igualmente insinúa éxito, pero con pérdidas inmediatas. Soñar un águila en pleno vuelo insinúa que el soñante tiene éxito en lo que hace, pero se está arriesgando demasiado quizá porque sus ambiciones son exageradas. Soñar a un águila en pleno vuelo pero que sin motivo visible cae al suelo simboliza peligros diversos muy cercanos. Soñar varios polluelos de águila en su nido significa que se deben cultivar relaciones diversas con personas importantes, lo que en caso de hacerse, en poco tiempo producirá beneficios diversos según los deseos del soñante.

Soñarse volando sobre un águila insinúa absurdos deseos de viajar y poseer una gran fortuna, pero que sólo son quimeras, pues no se cuenta con ningún medio para lograrlo.

Soñar que alguien mata a un águila quiere decir que los obstáculos que antes se interponían para triunfar están desapareciendo y pronto habrá cambios importantes en la vida del soñante.

Aguinaldo. Recibir un aguinaldo durante el sueño indica miseria y sinsabores. Pero si es el soñante quien da el aguinaldo significa avaricia.

Agujas. Soñar con agujas significa casi siempre inquietudes. Si en el sueño, el soñante se pica con ellas, es señal de que alguien está intrigando y creará inquietud con chismes y enredos.

Ahijado. Es casi siempre presagio de daños materiales o compromisos que difícilmente se podrán cumplir.

Ahogado. Ver a un ahogado en sueños es señal de alegría y de triunfo. Si en el sueño es el propio soñante quien se ahoga, es augurio de ganancias. Ahogarse por la maldad y culpa de otro es presagio de pérdidas y posible ruina.

Aire. Soñar aire húmedo de cualquier intensidad insinúa que tendrá que pelear usando toda su energía contra competidores o enemigos cuya fuerza y peligrosidad se puede calcular según el tipo de viento de que se trate; en consecuencia, en ese símbolo radica el grado de energía que tendrá que aplicar para poder vencer. Este sueño es también una señal de alerta para evitar que los problemas lleguen sorpresivamente.

Ajedrez. Soñar que se juega al ajedrez o a las damas con algún conocido indica una próxima querella con esta persona, y el resultado será el mismo que tenga la partida que se sueña estar jugando.

Ajenjo. El que sueña tomarlo tendrá un dolor moral o físico de poca duración, si es el soñante quien lo compra puede significar que caerá enfermo, si es el soñante quien lo vende significa feliz augurio.

Ajo. Una joven que se sueña caminando sobre ajos está deseando casarse por interés y no por amor. Soñarse caminando sobre un sembradío de ajos insinúa que la mala racha vivida hasta este momento está por terminar y que pronto empezará una nueva etapa de prosperidad.

Soñarse comiendo ajos quiere decir que los problemas se afrontan con realismo y no idealmente o con ilusiones.

Ala. Soñar con un ala de ave de rapiña previene y alerta para preparar una defensa contra peligros graves. Si el ala soñada es de pájaro significa tranquilidad.

Alacena. Soñar una alacena o armario limpio y con los objetos que contenga bien ordenados, indica que se vive con satisfacción y alegría, rodeado de amistades sinceras. Si el armario o alacena aparece deteriorado, sucio y con objetos en desorden, entonces significa todo lo contrario.

Alacrán. Soñar alacranes insinúa que alrededor del soñante hay una o varias personas interesadas en causarle problemas y pérdidas, ya sea de valores materiales o de prestigio. Si en el sueño se les mata, indica triunfo sobre los enemigos. Si no se logra matar a los escorpiones, hay varios riesgos contra los que tendrá que luchar. Si solamente se les ve sin motivo de preocupación, pues no lo atacan ni el soñante los combate, insinúa que hay enemistades latentes que se mueven por envidia o por alguna otra causa siempre egoísta, actitud contra la cual debe permanecer alerta. Soñarse rodeado de alacranes es aviso de adversarios pasivos, o sea que no atacarán de frente ni de manera violenta, sino con hipocresía, fingiendo amistad y esperando la oportunidad de atacar. El número de alacranes en el sueño significa el número de los adversarios, o por lo menos los que más se dan a notar. Soñarse atacado por un alacrán es aviso de un enemigo cercano y peligroso contra el cual se debe tener mucho cuidado.

Álamos. Quien sueña que planta álamos experimentará un rápido, pero pasajero, ascenso en su posición; despojarlos de su corteza es señal de mejora de la fortuna. Soñar que se corta un álamo, puede indicar la ruina inmediata.

Albañil. Es símbolo de pérdidas, fastidio o fatiga.

Albaricoque. Los sueños en que se come el fruto del albaricoque suelen indicar felicidad, alegría, placer, siempre que el fruto esté maduro; cuando se le come verde o seco, suele presagiar sinsabores, fracasos. Soñar que se ve un albaricoque lleno de frutos indica bienestar, por otra parte si éste sólo tiene hojas puede indicar sufrimiento.

Albergue. Anuncia reposo. Si se permanece en él significa que vendrán sinsabores.

Álbum. Soñarse hojeando un álbum de fotografías indica que en la vida real se están viviendo gratos recuerdos relacionados con lugares y seres queridos. Este sueño revela tranquilidad de espíritu, paz en el alma. Una joven que se sueñe hojeando un álbum de fotografías, insinúa que pronto conocerá a un hombre que le parecerá simpático y agradable y que le brindará esperanzas en su futuro. Soñarse hojeando un álbum de fotografías indica que en la vida real se están viviendo gratos momentos que pueden perdurar.

Alcachofas. Los sueños en que se ven o se tocan alcachofas suelen presagiar penas secretas. Si en el sueño se comen las alcachofas, puede indicar que una pena está próxima.

Alcanfor. Los sueños en que se usa el alcanfor pueden significar una mejoría en un cargo o posición social, es en general una buena señal. Soñar que se compra alcanfor significa herencia de un pariente lejano. El aguardiente alcanforado presagia amor constante o boda por amor.

Alcoba. Soñar que se permanece o se duerme en una alcoba, es un aviso de que se debe ser prudente porque puede existir alguien que quiere descubrir secretos y podría ser peligroso.

Aldeano. Indica alegría y libertad sin importar el contexto.

Alegría. Soñarse riendo y alegre, desordenadamente y sin motivo, insinúa que no hay el debido orden ni atención a sus actividades. Soñarse alegre entre amistades significa que se tiene fe en un futuro promisorio y placentero en la propia familia, en la sociedad, en los negocios, etc. No obstante, si algo desagradable interrumpe la alegría, entonces cambia el símbolo, pues indica que se acercan diversos problemas que podrían acabar con todo lo que se está disfrutando. Cuando una mujer se sueña alegre con amistades, entre las que hay varios hombres jóvenes, insinúa que pronto se realizarán sus deseos sentimentales, especialmente si entre los jóvenes se encuentra el que le atrae. Soñarse alegre y risueño aunque esté a solas, es signo de éxitos cercanos ya sea en sociedad o en los negocios que esté manejando. Soñar niños alegres, riendo y jugando, significa que hay paz interna en el soñante y que recibirá satisfacciones.

Soñarse riendo burlonamente ante las desgracias de otras personas es indicio de que en la vida real se está actuando indebidamente.

Alejamiento. Soñarse alejado del propio hogar, del trabajo, o de los afectos, de los asuntos o negocios; en fin, de lo que más le interesa, insinúa que pronto tendrá que hacer un viaje largo, probablemente al extranjero, en el que tendrá malos resultados. Soñar que familiares o amigos muy queridos están lejos revela nostalgia en el soñante por algo que se ha perdido o se sospecha que se está perdiendo. Soñarse mirando a la distancia y ver hombres trabajando indica éxitos en el futuro lejano después de trabajar arduamente. Soñar mujeres que saludan desde lejos indica que en el futuro establecerá nuevas e importantes relaciones sociales, aunque no todas muy favorables.

Alfabeto. Cuando en sueños se lee o se posee algún tipo de alfabeto o abecedario, suele indicar que nuevas e inesperadas posibilidades favorables se presentarán ya sea en la vida del soñante o de alguna de sus personas cercanas.

Alfiler. Soñar alfileres significa que hay y seguirá habiendo durante cierto tiempo molestias y fricciones de todo tipo, incluso familiares y sentimentales pero nada trascendente. Cuando una mujer sueña alfileres, es advertencia de que su conducta no es la correcta con su enamorado o amante o esposo. Soñarse tragándose un alfiler es anuncio de un accidente. Soñarse buscando un alfiler perdido insinúa que por descuido perderá algo de poco valor, pero importante para el soñante. Soñar alfileres oxidados insinúa que se están descuidando o abandonando asuntos importantes y probablemente peligrosos. Soñar que alguien le clava un alfiler en el cuerpo indica que sufrirá calumnias e intrigas irritantes sin poder evitarlo.

Alguacil. Soñar que se ve un alguacil puede ser indicador de trampas, acechanzas, acusaciones e intrigas por parte de falsos amigos.

Alhajas. Los sueños con alhajas y en especial si éstas son de plata, pueden significar miseria, sin embargo, si en el sueño, el soñante vende estas alhajas, es señal de una mejora en los negocios. Comprar alhajas, especialmente cubiertos de plata, es indicador de picardía. Cambiar la plata por cualquier objeto suele presagiar desesperación. Encontrar alhajas de plata significa ruina. Soñar plata en barras es símbolo de economía.

Alimentos. Soñar alimentos de cualquier tipo pero que sólo están en exhibición, indica que el soñante acostumbra dejar pendientes asuntos importantes para atender trivialidades y asuntos inútiles.

Almacén. Soñar que se ve un almacén puede indicar accidente por descuido. Soñar que se entra en un almacén suele significar hallazgo, mejora en la salud.

Almanaque. Soñarse estudiando un almanaque simboliza que habrá molestias y altibajos en los propios asuntos. Es un sueño que advierte de peligros diversos durante algún tiempo, pero después habrá un cambio. Revisar un almanaque en sueños es como revisar la propia vida en busca de las causas y efectos de los males que se estén viviendo.

Almirante. Puede ser una advertencia contra un posible engaño relacionado con el comercio. Ver un almirante en un combate naval es una fuerte advertencia de que existe riesgo de irse a pique en cualquier asunto.

Alondra. Significa un rápido ascenso.

Altar. Cualquier altar generalmente simboliza arrepentimiento, contrición, necesidad de sacrificio. El soñarse frente a un altar, con o sin sacerdote presente indica cierto auto reproche que servirá para revisar la propia conducta para tranquilizar la conciencia. Soñarse construyendo un altar anuncia alegrías, éxitos y beneficios en los negocios, el empleo o las relaciones sociales. Soñarse destruyendo un altar presagia fracasos, penas, enfermedades, etc. Soñar que se observa un altar parcial o completamente destruido por cualquier motivo, indica que el soñante tiene o muy pronto tendrá motivos para sufrir tristezas, nostalgias, recuerdos, todo ello motivado por algo que se fue para nunca más volver. Soñar un altar ante el cual se realiza un matrimonio indica motivos de tristeza con las amistades que afectarán al soñante. En algunos casos suele indicar la muerte de una persona anciana. Soñar a un sacerdote oficiando ante un altar indica que se presentarán situaciones difíciles, ya sea en el empleo, los negocios o el hogar.

Amamantar. Este sueño anuncia que pronto gozará de una gran felicidad, y que deberá poner todo su empeño para conservar esta felicidad porque si no lo hace así, es muy probable que nunca vuelva a poseerla.

Amante. Soñar que la amante o novia es hermosa pero pobre insinúa el deseo de relaciones con una mujer rica. Soñarse en relaciones con una mujer de edad pero rica es anuncio de fracaso si llegara a casarse con su actual novia. Soñar a la amante o a la novia muerta insinúa dudas respecto a formalizar sus relaciones.

Ámbar. Vaticina un periodo de buena suerte que llegará muy pronto.

Ambición. Si en el sueño la ambición es tan grande que domina hasta hacer sufrir, en una fuerte advertencia de que se deben modificar los planes actuales, porque de no hacerlo así puede acabarse en la ruina.

Ambulancia. Indica riesgo de una muerte violenta.

Amigo. Ver en sueños a un amigo o amiga, pero sin llegar a hablarle, insinúa que existe alguien dispuesto a ayudar sin condiciones, pero si en el sueño se aleja hasta perderse de vista, y peor aún si es en la oscuridad, insinúa que el soñante cuenta con múltiples proyectos e ilusiones, pero nadie le brinda ayuda. Cuando una mujer se sueña muy deprimida porque tiene muy pocas amistades significa que no tendrá éxito inmediato en sus aspiraciones económicas, pues no tiene quien la ayude. Cuando una mujer se sueña con muchas amistades denota que ambiciona llevar una vida cómoda, holgada y hasta con riquezas y lujos. Si se trata de una joven y soltera, indica que desea encontrar un marido que esté en la opulencia. Soñarse conversando con un viejo amigo insinúa que todo en la vida del soñante marcha bien, sin dificultades ni altibajos. Soñarse rodeado de amigos alegres quiere decir que pronto habrá problemas en los asuntos personales y familiares. Soñarse avergonzado al encontrarse repentinamente con un viejo amigo insinúa que el soñante se siente culpable de algo que está haciendo o por lo menos planeando indebidamente en la vida real y que han empezado a descubrirlo. Soñarse discutiendo a gritos con alguien que supuestamente fue su amigo quiere decir que los propios asuntos, tanto en el hogar como en los negocios o el empleo, no marchan bien, los que producirá desagradables sorpresas. Soñar amistades sanas y felices indica tranquilidad y paz en sí mismo. Soñar a las amistades vestidas de colores muy oscuros indica que están en malas condiciones de salud o económicas y que eso se refleja en el soñante. Soñar amistades que se transforman en animales significa que hay enemigos más o menos ocultos que tratan de romper las relaciones amistosas por motivos egoístas. Soñar que las amistades visten de rojo insinúa que el soñante está en riesgo de sufrir pérdidas debido a la intromisión de ciertas amistades. Soñar a un amigo de pie e inmóvil en algún sitio elevado quiere decir que al sufrir el soñante algún revés o pérdida no podrá contar con el apoyo ni ayuda de sus amigos.

Amor. El amor en sí implica sufrimiento. En consecuencia, soñarse amado por un amor intenso insinúa que tendrá un futuro sonriente y prometedor, no importa que la otra persona de momento lo rechace, claro está, visto eso en el mismo sueño. En cambio, si la otrá persona acepta, significa que hay algún rival peligroso, por lo que debe permanecer alerta. Soñarse muy amoroso con una persona del sexo opuesto insinúa que hay necesidades sexuales no satisfechas, reprimidas, o por lo menos deseos de conseguir aventuras fáciles que le hundirían en el desprestigio, especialmente si quien lo sueña es mujer. Soñar a otras personas exageradamente amorosas quiere decir que pronto alguien hará proposiciones indecorosas, aunque no sean precisamente sexuales. Cuando una mujer se sueña muy amorosa con un hombre sin ser su esposo, indica anhelo, deseo de relaciones ilícitas, tal vez como consecuencia de frecuentar amistades inapropiadas. Una mujer casada que se sueña muy amorosa con una persona ajena a su familia insinúa que desea tener relaciones sexuales fuera del matrimonio. Cuando un hombre se sueña amando honestamente a una niña o a una joven, es anuncio de futura prosperidad y alegría, pero también de sufrimientos y tropiezos.

Soñarse buscando a un ser amado, aunque no se identifique a ninguna persona en particular, insinúa que el o la soñante anhelan amar y ser amados, tal vez porque en la propia familia no reciban cariño. En el caso de una joven soltera, suele ser un anhelo de matrimonio, aunque aún no cuente con ningún prospecto. En el caso de una mujer casada, puede ser frustración porque el esposo o los hijos o familiares no le están dando suficiente cariño. Soñarse en amores fallidos suele ser consecuencia de fracasos ya vividos o del temor a padecer frustraciones en el futuro.

Amputar. Soñar ser un paciente al que le están amputando un miembro, puede ser que conscientemente el soñante se sabe en peligro de perder alguna propiedad o valores diversos, que el soñante esté teniendo en la vida diaria hondas preocupaciones porque teme fuertes pérdidas por razones diversas. Cuanto mayor aparezca en el sueño la amputación, mayor será la inquietud en el subconsciente y, por lo tanto, mayores los riesgos que se corran, aunque nada de eso sea consciente. Cuando en el sueño se ve que es otra persona la que está sufriendo la amputación, insinúa el temor de que pronto morirá algún familiar o amistad muy cercana al soñante.

Ancianos. Soñar ancianos, sin serlo, puede indicar que se vive en un ambiente inapropiado e incómodo en el que obligadamente se realiza el trabajo o las obligaciones. Soñar ancianos indica candor e inocencia de una muchacha. Soñar que se es viejo cuando se es joven significa respeto y consideración.

Ancla. Soñar anclas indica que goza de estabilidad económica y particularmente emocional. Suelen anunciar próximos viajes por mar. Para los marinos el ancla es un símbolo de mar tranquilo durante la navegación.

Anfitrión. Soñarse como anfitrión en una reunión significa que pronto sufrirá una seria contrariedad que puede conducir al fracaso en sus asuntos o negocios debido a inadecuadas relaciones sociales.

Ángel. Soñar uno o más ángeles de vez en cuando es por lo general un buen presagio, pues indica alegría, felicidad, protección y ayuda constante en todos sus asuntos. Este sueño equivale a ver al ángel de la guarda, cuyo símbolo actúa a largo plazo, es decir durante toda la vida del soñante. Cuando el ángel aparece luminoso y volando, pero sin alejarse, insinúa que el soñante está destinado a gozar de éxito y fortuna en el curso de su vida. Cuando en el sueño aparece un ángel cercano, severo y estático, es un reproche por la conducta indebida del soñante, y si además aparece con una espada, es una condenación con amenaza de serio castigo. Cuando en el sueño aparecen varios ángeles discutiendo, y peor si entran en pelea, significa que los asuntos del soñante marcharán muy mal, y si ya están en terreno judicial indica el riesgo de perder el pleito. Los sueños de ángeles tienen algunas variantes; si se les sueña con exagerada frecuencia y en actividades diversas y poco definidas, suelen revelar que existen alteraciones psíquicas que lo mismo puede ser por su propia culpa o por una acción ajena. Cuando se sueñan ángeles con mucha frecuencia y se goza del sueño indica que el soñante tiende hacia el misticismo. En cambio, cuando el sueño produce una sensación desagradable suele referirse a mala salud de parientes o amistades.

Angustia. Soñarse en estado de angustia suele ser consecuencia de insistentes deseos y esperanzas lícitas y lógicas, en cuyo caso este sueño anuncia que pronto tendrá éxito en sus pretensiones. Soñarse angustiado cuando en la vida real está procediendo ilícitamente y de mala fe en sus actividades indica que corre serios riesgos y que está jugando con fuego, lo que fácilmente le conducirá a fracasos. Soñarse en estado de angustia con demasiada frecuencia, sin que se distingan las causas verdaderas en la vida diaria, puede tener un origen patológico, por lo que conviene consultar al médico.

Anillo. Los anillos y sortijas significan superioridad y poder. Soñarse usando anillos insinúa que en el futuro inmediato se emprenderán nuevas tareas exitosamente. Soñar sortijas en otras personas indica prosperidad en los demás con alguna repercusión en los propios intereses. Soñar un anillo roto o defectuoso insinúa que se aproximan dificultades, celos y malentendidos en el hogar. Cuando ese sueño es entre enamorados significa que habrá rompimiento de relaciones.

Anteojos. Soñarse usando anteojos cuando en la vida real no los usa indica dificultades en el medio en que se desenvuelve o antipatía contra personas que se dicen amigas, pero que sólo son hipócritas.

Antepasado. Soñar que se recuerdan antepasados es presagio de una posible desgracia familiar. Si se sueña que se ve al antepasado es indicio de disgustos promovidos por los parientes. Si en el sueño se les habla a los antepasados, es un indicador de que habrá un pleito entre parientes cercanos.

Apagador. Es señal de luto.

Aparición. Es presagio de que puede ocurrir una fatalidad.

Aprendiz. Una persona mayor que se sueñe como aprendiz de algún oficio, insinúa complejo de inferioridad tal vez como consecuencia de que los familiares o personas que lo rodean no le están dando un trato respetuoso o porque se encuentra a disgusto en su empleo o negocios que esté atendiendo.

Arado. Es un aviso de que se deben atender con diligencia las ocupaciones propias y no esperar que un golpe de suerte salve la situación, no buscar tesoros enterrados o loterías porque de allí no saldrá nada. El trabajo bien hecho es el único que producirá placer y estabilidad.

Araña. Soñarse enfrentándose a una enorme y horrible araña indica el final de una mala racha y el principio de tiempos mejores. No obstante, si la araña logra picar al soñante la mala racha continuará. Soñarse huyendo de una araña grande insinúa que habrá pérdidas y malestar como consecuencia de falta de energía y carácter para enfrentar sus problemas. Soñarse matando una araña implica probabilidades de éxito; pero si la araña revive y ataca, aunque no llegue a picar, anuncia la presencia de enemigos peligrosos. Soñar una o más arañas indica que si tiene el suficiente cuidado en sus actividades, logrará importantes beneficios. Soñar arañas tejiendo su red indica que está seguro y feliz en su medio ambiente. Soñarse matando una o más arañas indica desavenencias familiares o con amistades o socios en los negocios.

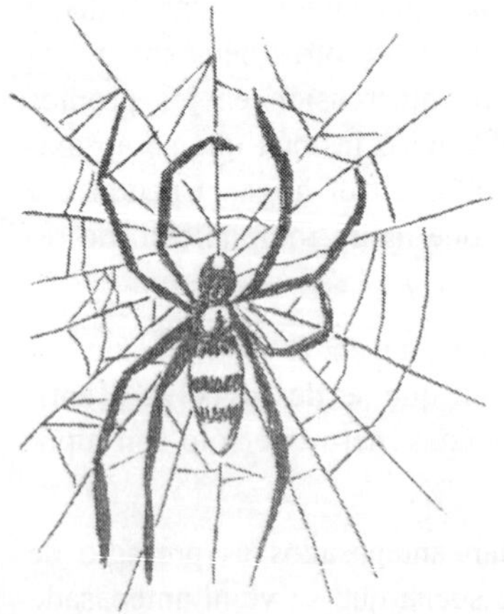

Muchas arañas colgando del techo alrededor del soñante es

símbolo de condiciones favorables en sus asuntos, aunque hay adversarios esperando la oportunidad de perjudicarlo.

Soñar simplemente una tela de araña implica la probabilidad de entrar en tratos o relaciones o negocios en los que debe actuar con cautela.

Árbol. Soñarse con una higuera, indica abundancia en muchos sentidos, especialmente respecto a los alimentos. Soñar un hermoso y verde bosque es un buen presagio, y si abundan pájaros blancos o de pocos colores es mucho mejor, pues indica éxitos cercanos en los asuntos que se estén manejando. En cambio, si abundan los pájaros oscuros o negros indica que alguien envidia la buena fortuna del soñante. Soñarse admirando el hermoso follaje de un bosque indica profunda satisfacción y agradecimiento por lo que se ha logrado en la vida, lo cual es como darle gracias a Dios, pero en este caso directamente con el alma y sin expresar palabras. Entre artistas o intelectuales soñar un bosque hermoso indica reconocimientos adicionales a los ya recibidos. Soñar un sólo árbol verde, frondoso y floreando indica salud y bienestar. Pero si el árbol aparece solitario, con el follaje triste, marchito o seco como normalmente sucede en invierno, entonces significa que sus asuntos o negocios no son prósperos ni lo serán en cierto tiempo.

Arco. Soñarse disparando flechas con un arco promete que pronto se recibirá alivio a las penas que padezca. Soñar uno o más arcos triunfales se refiere a la vanidad, aventuras amorosas intrascendentes y pasajeras. Soñar arcadas de material pesado, como los puentes o portales, insinúa que existe una íntima satisfacción porque se está en proceso de ascenso en el éxito y en los propios asuntos, trabajo o negocios, lo cual anuncia fortuna cercana, muy a pesar de que algunos no lo entienden así o lo envidien y por ello pretendan humillarlo y perjudicarlo. Cuando una mujer se sueña pasando bajo arcadas pronto sufrirá decepciones al ver destruido mucho de lo que fue su anhelo. Soñar arcos y flechas, aunque no se manejen, indica su capacidad para triunfar en sus actividades, incluso en amores.

Arco iris. El arco iris tradicionalmente ha sido un símbolo de paz, de amor, de bendiciones llegadas del cielo, por lo tanto es buen anuncio de salud y prosperidad para personas adultas y ancianas. Entre enamorados significa matrimonio en puerta.

Ardilla. Soñar una o varias ardillas es señal segura de que pronto se obtendrá dinero por parte de una persona muy ahorrativa. También es una advertencia de que hay que tener cuidado con el dinero no gastándolo en cosas banales e innecesarias.

Arena. Soñar arena para construcción o desperdicios de construcción insinúa que se están realizando esfuerzos inútiles para lograr algo superior a los propios merecimientos debido a la falta de capacidad natural. Si sueña arena o cascajo sucio, lodoso, entonces el fracaso será total.

Aretes. Cuando una mujer se sueña mirando aretes sin tocarlos, y cuanto más valiosos y hermosos mejor, indica que tendrá un trabajo o negocio importante en su futuro.

Si sueña que los está usando y luciendo, indica un serio riesgo de desprestigio entre las amistades, aun cuando la soñante no dé motivos para ello.

Arma. Soñar armas de fuego insinúa alteración del sistema nervioso porque el soñante teme que ocurra una nueva guerra o algún ataque en lo personal. Este sueño es más frecuente en los hombres jóvenes que no desean participar en ninguna guerra. Soñar armas pequeñas de uso común indica temor de ser asaltado o que sus enemigos lo ataquen sorpresivamente.

Cuando una mujer sueña armas, particularmente de fuego, insinúa que de alguna manera se está relacionando con militares.

Armadura. Soñar que se viste una armadura es una advertencia de que se debe tener prudencia para alcanzar el éxito. Si el soñante sueña que se está quitando una armadura suele indicar peligro. Si se ve en el sueño una armadura significa que se presentarán dificultades.

Armario. Soñar armarios indica riqueza. Si el armario se encuentra vacío, es señal de que se puede salir herido en una contienda. Si el soñante es hombre y el armario está lleno, debería desconfiar de su mujer.

Arpa. Soñar que se escuchan melancólicas notas de un arpa insinúa que está por terminarse algo que ha estado disfrutando. Soñar un arpa rota indica el fin de una felicidad, por ejemplo entre amantes, quizá por una penosa y difícil enfermedad, ya sea propia o en algún familiar, o por errores en sus relaciones políticas o sociales. Soñarse tocando un arpa, indica que el soñante está sobre valorado, por lo que se debe limitar la vanidad.

Arras. Las arras suelen ser indicadores de regalos caros.

Arroyo. Soñar arroyos de agua clara significa que se obtendrá un empleo lucrativo y honroso; si el agua del arroyo está turbia, significa descalabros para los envidiosos. Si se trata de un arroyo agotado es un presagio de desgracias y estrecheces. Soñar con un arroyo de agua corriente indica la curación de una enfermedad. Si el agua del arroyo está sucia y contaminada indica que se acercan males peligrosos.

Arroz. Soñar arroz es buen presagio de éxitos en los negocios, el amor y la amistad.

Arzobispo. Es presagio de muerte.

Asalto. Soñarse espiado por asaltantes indica un delirio de persecución debido a que se tienen muchos enemigos que tal vez le harán daño si no toma las debidas precauciones. Soñarse asaltado y robado en su domicilio o lugar de trabajo insinúa que la infidelidad de alguien muy cercano o la incompetencia de subalternos está poniendo en peligro la estabilidad de los asuntos del soñante.

Ascensor. Soñarse en el interior de un ascensor que está en movimiento ascendente insinúa que se acercan éxitos diversos en la vida del soñante. En el caso de que el aparato esté en movimiento descendente, entonces indica lo contrario. Soñarse observando cómo se eleva un ascensor indica que el soñante está dejando escapar valiosas oportunidades; pero si el ascensor aparece en descenso, entonces indica que el soñante se liberó de riesgos y problemas.

Aserrín. Es símbolo de suerte.

Ataúd. Soñarse en un ataúd aconseja siempre revisar la propia conducta, pues el ataúd anuncia pérdidas diversas, incluyendo la muerte de alguien cercano. Este símbolo es especialmente importante si el soñante se ve rezando junto al ataúd. Soñar un ataúd cubierto de flores, especialmente si son blancas, en el interior de un templo iluminado, insinúa que pronto habrá una boda en la familia, pero que ese matrimonio fracasará. Soñarse acostado en el interior de un ataúd, sin más detalles, indica larga vida para el soñante. Soñar un ataúd que se mueve por sí solo significa una enfermedad grave en la familia o en el matrimonio si él soñante es casado. Soñarse observando cómo suben un ataúd a una carroza fúnebre es anuncio de serios problemas en el hogar, así como frecuentes riñas en el matrimonio o noviazgo.

Audiencia. Cuando la audiencia es presidida por un ministro o personaje de alta jerarquía, es presagio de luto, si por el contrario, la audiencia es presidida por un soberano, es señal de provecho.

Aura. Soñarse con un aura o aureola sobre la cabeza es un buen signo que anuncia éxitos y nuevas amistades. El aura o aureola en la cabeza de cualquier otra persona es un signo importante, pero si se trata de alguien conocido como enemigo, él o ella seguramente triunfará sobre el soñante.

Ausencia. Cuando un hombre sueña que alguien de su afecto está ausente, indica asuntos pendientes que requieren su atención, y si ya es de edad avanzada, insinúa que ha acumulado a su alrededor demasiados asuntos sin atender. Cualquier persona que sueña aflicción por la ausencia de alguien, anuncia repentinas y enojosas situaciones con amistades que lo han sido durante largo tiempo.

Automóvil. Soñarse subiendo a un automóvil indica que un viaje que ya se tiene en mente ocurrirá pronto, pero en condiciones distintas de como se había pensado. Soñarse bajando de un automóvil insinúa que lo que se empezó bien tiene probabilidades de acabar mal. Soñarse guiando un automóvil en un sitio o calle donde hay mucha gente indica éxitos, pero también envidias que tratan de frustrar lo ya logrado. Soñarse conduciendo un automóvil en una carretera donde se ven montañas elevadas al frente, indica el deseo de escalar puestos hasta llegar a jerarquías importantes. Soñar muchos automóviles en movimiento insinúa que en el futuro inmediato se realizarán viajes cortos y también que rápidamente se manejarán los asuntos que perturban la tranquilidad. Soñarse angustiado por perder su propio automóvil, pero luego lo encuentra, indica que los contratiempos presentes pasarán pronto.

Ave. Soñar aves de rapiña de cualquier tipo indica un riesgo de sufrir pérdidas provocadas por personas que actúan de mala fe.

Soñarse matando un ave de rapiña insinúa que se requerirán intensos y prolongados esfuerzos para obtener el éxito que se busca. Cuando una mujer se sueña espantando aves de rapiña del patio de su casa insinúa que está anhelante de conocer cosas raras, no acordes con su forma de ser, o que hay rivales que tratan de perjudicarla.

No obstante, si en el sueño mata alguna de las aves, o por lo menos las espanta, podrá conseguir lo que desea, por raro que sea. Soñar un ave de rapiña muerta significa que los enemigos serán derrotados y ya no lo molestarán más.

Avena. Soñar avena puede indicar prosperidad para el soñante si es él quien la ve en campos ya madura. Por el contrario, si en el sueño la avena se encuentra ya segada indica miseria para quien está contemplándola.

Avenida. Significa que pronto conocerá a alguien agradable que le llenará la vida de alegrías.

Avestruz. Quiere decir que pronto se verá inmerso en discursos vanos.

Avión. Soñar aviones en pleno vuelo insinúa futuros éxitos en todos los asuntos que se estén manejando. Soñar un avión estacionado, y peor si aparece descompuesto, destrozado o cayendo a tierra, indica futuros fracasos que pueden ser peligrosos para el soñante.

Azadón. Soñar uno o más azadones es símbolo de trabajo duro, intenso, y se insinúa al soñante para lograr lo que desee o necesite para no sufrir penurias. Cuando una mujer se sueña trabajando con un azadón significa que tendrá que trabajar mucho para lograr su propia subsistencia. Enamorados que sueñen uno a más azadones quedan advertidos de que tendrán que desarrollar un trabajo arduo e intenso en su futuro.

Azotea. Soñarse en la azotea o parte más elevada de un edificio, desde donde se pueda observar un aeropuerto con algún avión que se eleva, indica el deseo de un cambio de vida, de residencia o de empleo o de negocios, y que finalmente algo de eso conseguirá gracias a la intervención de personas extranjeras. Soñarse observando desde lejos la parte más alta de un edificio significa que por el momento no se tienen probabilidades de éxito en lo que desea o ambiciona, sean negocios, trabajo o amores. Soñarse en una azotea insinúa aspiraciones de auto superación.

Azúcar. Soñarse comiendo azúcar es anuncio de próximas situaciones desagradables, pero que terminarán positivamente. Soñarse comerciando con azúcar anuncia el riesgo de sufrir pérdidas. Soñar una pila de costales de azúcar y que llueve sobre ellos indica que pronto se vivirán amarguras por diversos contratiempos.

— B —

Baile. Soñarse en un baile anuncia fiestas próximas, diversión, alegría, conquistas sentimentales y materiales, etc. Soñarse en un baile con ropas de principios de siglo, con música suave y romántica, valses por ejemplo, insinúa que se está viviendo muy agitadamente y se anhela recuperar su equilibrio mental y emocional. Soñarse en un baile de disfraces y máscaras o de carnaval indica que está en busca de placer, diversión, y que pronto lo hallará. En un hombre significa disgustos en los asuntos que maneja.

Balsa. Navegar en ella indica la probabilidad de entrar en negocios o asuntos atractivos, pero que por ser desconocidos para el soñante pueden resultar riesgosos. Soñarse navegando en balsa o canoa y llegar felizmente al destino insinúa que, aunque por diversos obstáculos, al final saldrá triunfante.

Banca. Soñarse sentado en una banca en algún lugar público y hablando con desconocidos indica que se deben evitar las indiscreciones y no confiar fácilmente en desconocidos.

Banco. Soñarse en un banco y que no hay empleados que atiendan las ventanillas es signo de que los propios negocios o asuntos andan mal. Soñar un banco cerrado es símbolo de enfermedad, particularmente nerviosa. Asimismo indica descuido o desprotección de la salud y en algunos casos pérdida de dinero o dificultad para conseguirlo. Soñarse simplemente como espectador en un banco es una recomendación para tornar precauciones en los negocios que se realicen, también indica que no hay un completo control nervioso o de salud. Soñarse en un banco cuando los empleados están entregando monedas de oro es símbolo de descuido; si por el contrario las están recibiendo, anuncia éxitos venideros.

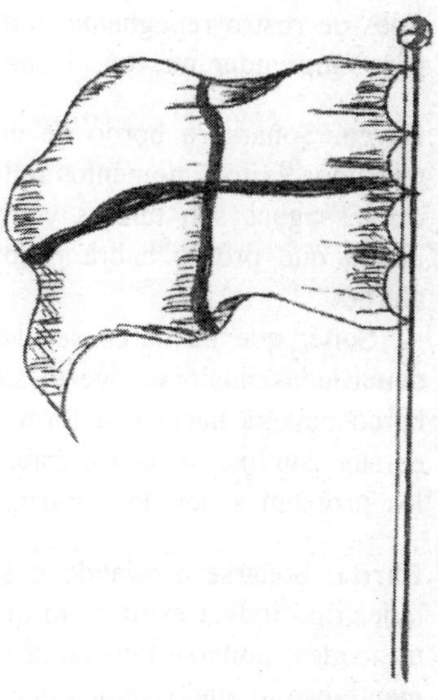

Bandera. Cuando un hombre sueña una bandera movida por el viento vencerá todas las dificultades que se le presenten y pronto recibirá buenas noticias. Soñar que se lleva en la ropa una bandera a manera de distintivo insinúa que pronto recibirá distinciones y en algunos casos hasta honores. Soñar una bandera caída y arrugada indica pérdida del honor y del prestigio. Una mujer que sueñe una bandera indica que pronto habrá de cambiar su conducta y con ello logrará superarse, también indica que recibirá buenas noticias.

Baño. Soñarse bañándose en agua limpia y transparente es anuncio de éxito, diversión alegría, etc.; por el contrario, si el agua aparece sucia y peor aún si está lodosa, es anuncio de enfermedades o por lo menos de malas noticias. Soñar niños jugando con agua limpia es signo de futuros éxitos y felicidad en la familia; pero si juegan con agua sucia indica todo lo contrario. Una joven que se sueñe bañándose en agua limpia insinúa que sus relaciones o deseos honestos sí tienen probabilidades de formalizarse y llegar a buen final.

Banquete. Soñar banquetes es un buen símbolo, especialmente cuando se desenvuelve en un ambiente sano y a la vez alegre, este sueño insinúa que personas importantes lo favorecerán y le ayudarán sin egoísmos ni malas intenciones. Soñarse en un banquete comiendo costosos manjares y vinos finos es anuncio de éxitos en el futuro inmediato; en consecuencia, es un momento apropiado para emprender negocios, este sueño indica que los deseos largamente acariciados finalmente se realizarán en caso de tratarse de placeres o diversiones, serán efímeros y sin dejar huellas agradables. Soñarse en un banquete desordenado, con varios asientos vacíos y comensales de rostro repugnante, indica que no es el momento oportuno para emprender nuevos ni complicados negocios u actividades.

Barco. Soñarse a bordo de un barco en aguas tranquilas insinúa próximos éxitos, momentos felices y satisfacciones, si por el contrario las aguas son turbias y agitadas, encrespadas y amenazantes, indica que pronto habrá problemas contra los cuales debe estar alerta.

Soñar que un barco se aleja hacia alta mar significa que hay demasiadas ilusiones que el soñante debe controlar. Soñar que un barco navega hacia una tormenta señala que el soñante anda mal en sus asuntos, negocios, trabajo, familia y que pronto aumentarán los problemas debido a intrigas y calumnias.

Barda. Soñarse escalando o saltando una barda o cerca de cualquier tipo indica éxito en lo que está haciendo, lo cual dará buenas utilidades. Soñarse intentando saltar una barda o cerca y que finalmente cae al suelo, indica que fracasará en sus planes o proyectos, por falta de capacidad. Soñarse sentado en una barda o cerca o empalizada, en compañía de otras personas y que la barda se derrumba con todos encima, significa que algún familiar o amigo está propenso a sufrir un accidente grave. Soñarse comiendo sobre una barda o cerca insinúa que el soñante no está utilizando los medios idóneos para triunfar. Soñarse derrumbando una barda o cerca y luego pasar al otro lado quiere decir que se cuenta con suficiente energía y capacidad para lograr el éxito deseado.

Barrer. Barrer en los sueños es símbolo de limpieza en busca de la propia satisfacción y para el agrado de los demás, pues el barrer consiste en quitar de la vista lo desagradable; por lo tanto, barrer equivale a eliminar del subconsciente lo que nos desagrada.

Barril. Soñar uno o más barriles con vino es anuncio de espontánea alegría; pero si aparecen llenos de agua en lugar de vino, entonces indica mucho trabajo antes de lograr lo que se desea. Si aparecen vacíos, significa un descuido en los asuntos que se están manejando, lo que producirá pérdidas, fracasos, etc. En general, ver en sueños un tonel lleno es anuncio de prosperidad, pero si éste estuviera vacío es indicador de que se sufrirán dificultades financieras.

Barro. Soñarse caminando o tratando de caminar en un lodazal, fango o pantano, es advertencia de que se sufrirán humillaciones e insultos; pero si luego camina sobre agua clara y limpia, entonces indica que pronto saldrá bien librado(a) de los ataques sufridos.

Bastón. Anuncia la probabilidad de relaciones con personas que podrían ayudarle a resolver sus problemas, pero también podrían perjudicarlo. Soñarse caminando y usando un bastón es un aviso para pedir consejo y tal vez hasta ayuda a otra persona para resolver el problema que se tiene entre manos. Soñar hermosos bastones y la intención de quedarse con alguno de ellos insinúa que está pensando en dejar sus intereses en manos de otras personas lo que no dará malos resultados.

Basura. Soñar basura regada en el piso insinúa que se están haciendo negocios erróneos o que se tienen relaciones sociales o sentimentales negativas, todo lo cual producirá malos resultados. Una joven que sueñe basura en el piso de su casa, significa que su enamorado o no vale la pena o la está engañado y le amargará la existencia. Una mujer casada que sueñe basura en el piso de su casa insinúa que el marido no es lo que ella soñó o que sus amistades no son de fiar.

Batalla. Indica siempre dificultades, serios problemas, pleitos judiciales, etcétera.

Bayoneta. Soñarse llevando en la mano una bayoneta u otra arma semejante es un mal símbolo que advierte no dejarse llevar o dominar por la ira. Soñar una o más bayonetas u otra arma de ese tipo indica que alrededor del soñante hay perversos enemigos contra los cuales debe tener cuidado.

Bebé. Soñar un hermoso y limpio bebé es signo de felicidad en el alma, insinúa que el soñante está deseando dar y recibir cariño con familiares y amigos. Soñar bebés limpios y saludables indica siempre próximos regocijos. Si en el sueño se ve caer y lastimarse indica próximos fracasos en sus asuntos. Soñar uno o más bebés llorando significa que se tienen problemas muy desagradables que seguirán en aumento por algún tiempo. Soñar a un niño pequeño (un bebé) caminando solo, sin nadie cerca que lo proteja, insinúa que el soñante anhela su independencia. Cuando una mujer sueña que está cuidando a un bebé enfermo indica que aquél en quien confía la decepcionará, particularmente si es el hombre con quien tiene relaciones amorosas. Soñar uno o más bebés enfermos y con fiebre es negativo, pues indica muchas preocupaciones que le afectarán en su futuro inmediato. Soñar un bebé recién nacido significa que pronto se recibirán agradables noticias.

Beber. Cuando una mujer se sueña bebiendo licor alegremente significa que en la vida diaria se está mezclando en asuntos inapropiados para ella, lo que le conducirá al desprestigio. Si lo que bebe es agua clara, y si es fresca mejor, insinúa que normalmente trata de mantenerse al margen de los riesgos. Si se sueña rehusándose a beber licor o cualquier otra bebida indica que no será involucrada en asuntos peligrosos.

Beso. Soñarse besando efusivamente a una persona desconocida insinúa el deseo de relaciones ilícitas que le causarán daño. Soñar niños besándose indica que se está viviendo confortablemente y en armonía. Soñarse besando a su madre significa éxitos en el futuro inmediato, tanto en lo sentimental como en los negocios. Soñarse besando a familiares quiere decir que lleva una vida tranquila y que todos sus asuntos marchan bien. Soñarse besando en la oscuridad a una persona del sexo opuesto insinúa serias amenazas de desprestigio social debido a relaciones ilícitas. Soñar a una rival besando al ser amado significa que se está perdiendo la autoestima.

Biblia. Soñarse en alguna relación con la Biblia, aun en los casos en que sea antirreligioso anuncia próximas alegrías, aunque sólo sean pasajeras, si el soñante aparece rechazando la Biblia indica que tiene tentaciones deshonestas sin importarle si perjudica a otros.

Biblioteca. Soñarse en una biblioteca buscando un libro indica que se está viviendo a disgusto y se busca una salida, tal vez hacia lo intelectual o lo económico. Soñarse en una biblioteca, pero sin intención de leer ningún libro, insinúa que se está actuando equivocadamente en la vida diaria y quizá cometiendo ilícitos. Soñarse cerca de un librero, o tomando un libro, significa que está viviendo y trabajando con alegría. Soñar libreros vacíos anuncia próximas dificultades en el trabajo o los negocios, con riesgo de perder el empleo o fracasar en el negocio.

Bigamia. Cuando un hombre se sueña cometiendo bigamia indica que tiene problemas psíquicos y mentales y no sabe cómo resolverlos. Cuando una mujer se sueña cometiendo bigamia insinúa que su honor está en peligro debido a su conducta indecente y a la intervención de intrigas y calumnias.

Bigote. Soñarse con bigote cuando en la vida real no se usa, es advertencia de propia vanidad y egoísmo que le producirán problemas diversos, especialmente sentimentales y sociales. Cuando un hombre se sueña rasurándose el bigote insinúa que anhela cambios importantes en todos los aspectos de su vida. Cuando una mujer se sueña admirando el bigote de un hombre, es advertencia del riesgo de caer en una conducta ilícita.

Bodega. Soñar una bodega de vinos o cava fría y oscura advierte que en el soñante hay muchas dudas relativas a su comportamiento, es decir falta de confianza en sí mismo, lo cual le está conduciendo a fracasos que pueden terminar en un desastre. Soñarse en una cava indica que se está inmiscuyendo en negocios y asuntos inconfesables y sucios que en el futuro inmediato le alcanzarán serios problemas. Una mujer que sueñe esto debe cuidarse de quien le haga proposiciones de amor, porque no serán honestas. Una joven y soltera que se sueñe viendo una bodega limpia e iluminada, llena de botellas y barriles con vino, insinúa que desea y tal vez podría llegar a casarse con alguien muy rico. Si la soñante ya vive en matrimonio significa prosperidad.

Botellas. Por lo general soñar botellas indica fiestas, alegrías, aunque hay variaciones, por ejemplo, cuando las botellas aparecen llenas de un líquido limpio y transparente, es un buen sueño que anuncia que todos los problemas existentes en el momento pronto serán resueltos y habrá nuevas y ventajosas oportunidades y relaciones. Cuando las botellas aparecen totalmente vacías, y si están sucias peor, es un aviso de que se irán agravando los problemas.

Soñar botellas rotas indica próximos fracasos y pérdidas en lo sentimental.

Botones. Una joven que se sueñe pegando botones a un uniforme de militar revela que anhela amor, pero pensando en un príncipe azul. Cuando un joven se sueña pegando botones a un uniforme militar revela que aspira a entrar a la milicia y convertirse en héroe para recibir honores. Un adulto casado que se sueñe pegando botones a su ropa insinúa que hay amor y paz en su hogar. Soñar botones de oro y plata indica que actúa impulsado por la ostentación y el despilfarro, tanto de tiempo como de dinero. Soñar que se pierde un botón de la ropa que lleva puesta indica que vive en un clima de angustia y ansiedad posiblemente injustificadas. Soñarse manejando botones viejos y defectuosos indica malas condiciones de salud y problemas diversos.

Brazo. Soñar un brazo amputado, ya sea propio o no, indica divorcio o rompimiento de relaciones y compromisos. Soñar brazos que se alargan hacia el soñante insinúa amistades honestas. Cuando esos brazos aparecen enfermos, desnutridos o enflaquecidos, significa padecimientos de salud para el soñante. Soñar uno o más brazos sanos, robustos y ágiles indica que se está recibiendo ayuda por lo menos moral. Soñar brazos débiles e inmóviles revela que el soñante se encuentra en estado de inquietud mental y psíquica debida a la incertidumbre y dudas que no le permiten tomar decisiones. Soñar uno o más brazos enfermos, heridos, sangrantes o fracturados insinúa que pronto se sufrirán pérdidas y malestares diversos.

Bronce. Soñar bronce metálico, especialmente en el caso de un obrero, indica próximo mejoramiento en todos sus asuntos, aunque probablemente con disminución de utilidades efectivas. Soñarse trabajando en bronce dentro de un taller indica notable aumento en lo anterior.

Brújula. Indica que no está muy seguro de sí mismo y que busca un consejo que lo oriente, también que su vida está demasiado influenciada por costumbres, tradiciones o disciplina de las que desea desligarse. Soñar la brújula de un barco que navega anuncia que pronto mejorará su vida en varios sentidos. Soñar una brújula que no se mueve porque está dañada, o que la aguja está rota o torcida, es anuncio de próximas dificultades.

Buey. Cuando una mujer se sueña perseguida por un buey muy probablemente insinúa una sexualidad insatisfecha que soporta con dificultad, razón por la cual desea relacionarse con cualquier hombre. Soñar bueyes y vacas desnutridas debido a que el pastizal es muy pobre, significa que se acercan tiempos malos: pérdidas, perjuicios, etc. Éste es un sueño de advertencia para que esté debidamente preparado. Soñar bueyes en el campo, unos peleando y los demás pastando tranquilamente, insinúa que el soñante se verá envuelto en diversos problemas por culpa de personas entrometidas, aunque también por su culpa, debido a negligencia en sus actos.

Burro. Soñar niños jugando montados en burros insinúa que todo marcha bien.

Soñar que de alguna manera adquiere en propiedad un burro indica que solucionará sus problemas. Soñarse intentando matar a un burro pero que éste repara y lo tira al suelo, indica que sus asuntos van de mal en peor y que pronto aumentarán las dificultades.

Soñarse pateado por un burro indica que está manejando equivocadamente sus asuntos o que son turbios e ilegales, lo que naturalmente producirá muy malos resultados, este es un sueño de advertencia. Soñar uno a más burros indica problemas resultantes de errores propios.

— C —

Caballo. Soñar varios caballos que trotan tranquilamente indica esperanzas de alcanzar los deseos que no se han materializado. También suele indicar que amistades muy estimadas están sufriendo alguna pena. Soñar uno o varios caballos en actitud pasiva es un buen presagio, porque indica momentos tranquilos. Soñar un caballo blanco tranquilo y pastando es símbolo de fuerza para triunfar y salud para disfrutar de la vida, lo cual habla de un buen futuro. Si se cabalga en dicho caballo blanco indica amplia prosperidad y amistades importantes. Soñar un caballo negro insinúa mal carácter y trato indebido y hasta brutal hacia personas respetables, aunque esa conducta no será impedimento

para tener éxito en sus asuntos. Este mismo sueño en una mujer casada significa que habrá problemas con el marido. Soñar un caballo garañón, insinúa deseos sexuales insatisfechos. Soñar un caballo lastimado, herido o enfermo indica que pronto se presentarán dificultades en los asuntos que se estén manejando o que algún amigo requiere su ayuda. Soñar un caballo tirando de un arado o de algún vehículo significa que se debe trabajar con ahínco a fin de resolver los problemas aparentemente sin solución. Soñarse cabalgando en un caballo de cualquier color, excepto negro y que no sea un animal flaco o enfermo, insinúa éxitos cercanos. Si el caballo es blanco, gordo y saludable, indica una prosperidad que le permitirá viajar y disfrutar de comodidades y valores materiales. Si se trata de un caballo de carreras, insinúa frivolidad o precipitación del soñante, que está expuesto a pérdidas importantes. Soñarse cruzando un río montado a caballo señala próximas e importantes ganancias. Si el caballo se cae y el soñante se ve saliendo del agua y llegando a tierra, insinúa que todas las dificultades que se presenten serán superadas. Si el caballo camina en una bajada y resbala peligrosamente, indica que los asuntos del soñante van muy mal, por lo que debe prestarles mayor atención. Soñar un caballo que no se deja montar significa que habrá serios rechazos en todos los asuntos que se estén manejando, incluso familiares o sentimentales.

Cabello. Soñar que un puñado de cabello se pone gris y se cae, indica disgustos y aun problemas y enfermedades. Soñar que le empiezan a salir canas, significa gusto, alegría, placer y hasta fortuna para toda su vida futura. Soñar que ve cabello enredado, desordenado, sin peinar, indica próximas dificultades en el matrimonio o con los familiares y amigos. Soñar que el propio cabello se va encaneciendo, insinúa la muerte de alguna persona cercana, ya sea familiar o amigo. Soñar que el cabello le crece suave, dócil y abundante, anuncia importantes éxitos y felicidad, aunque no se debe interpretar en un sentido estrictamente económico. Soñar que se corta el cabello muy cerca del cuero cabelludo, indica excesiva generosidad hacia alguna amistad que puede terminar con un mal resultado. Soñar que alguien le corta el pelo, supone diversos problemas y dificultades en el futuro inmediato. Soñarse flores como si fueran su cabello insinúa problemas y dificultades que inquietarán su mente, pero que cuando se presentan, no parecerán tan graves como se les consideró. Soñar que se ve un cabello bonito, bien cuidado y peinado, anuncia próximo mejoramiento en sus asuntos.

Cabeza. Soñar la cabeza de otras personas, especialmente si se trata de personajes importantes, insinúa que pronto el soñante mejorará sus relaciones sociales. Soñar la propia cabeza, particularmente sintiendo molestias, indica que en la vida diaria sufre de tensión nerviosa y quizá de alteraciones en la presión arterial, o que está viviendo graves preocupaciones. Soñarse lavándose la cabeza indica que pronto algunas personas importantes valorarán su trabajo dándole la importancia que realmente tiene. Soñar una cabeza humana cercenada de su cuerpo indica que los propios asuntos y negocios andan mal, lo que le producirá dificultades de índole diversa.

Cabra. Soñar cabras blancas insinúa que pronto triunfará en sus metas así como que recibirá buenas noticias. Soñarse atacado por un furioso macho cabrío significa que hay enemigos cercanos que pretenden hacerle daño de alguna manera. Soñarse dominando por los cuernos a un macho cabrío o cabra insinúa que está próximo el pleno éxito en sus negocios, así como que los enemigos o competidores serán vencidos; pero si en el sueño la cabra o macho cabrío vence en el forcejeo con el soñante, indica que éste debe tomar máximas precauciones respecto de sus enemigos, sean conocidos o no. Soñar un rebaño de cabras pastando tranquilamente indica que alcanzará logros y beneficios económicos y de salud.

Cadáver. Soñar muerto a algún familiar, que aún vive, es anuncio de futuros contratiempos y tristezas. Este tipo de sueños es frecuente en personas que han sufrido fracasos en la vida real. Soñar el cadáver de una persona conocida indica que el soñante está culpando a esa otra persona de sus propios problemas, y que esconde un deseo de venganza. Soñar cadáveres suele ser también el resultado de influencias negativas en la vida diaria.

Cadena. Las cadenas son símbolo de esclavitud en todo sentido. En el área de lo religioso indica someterse a conceptos y creencias religiosos aun contra la propia manera de pensar. Soñarse atado con cadenas insinúa que se anhela un cambio de vida, tal vez de casa, de empleo o de afectos, estar a disgusto o recibir un trato indebido o porque se aspira a algo mejor. Indica la impotencia para liberarse de lo que le está molestando. Soñarse atado con cadenas pero que logra romperlas insinúa que puede liberarse de lo que le molesta y que pronto lo logrará. Soñar cadenas indica el riesgo de caer en un ambiente inadecuado para su personalidad. Soñarse arrastrando cadenas en cualquier forma indica que vive en un estado de profunda depresión, angustia, tristeza, derrota e impotencia.

Café. Soñarse comerciando con café anuncia serios problemas e incluso fracasos en sus negocios y demás asuntos. Si en el sueño está vendiendo café, pronto se sufrirán pérdidas.

Si lo está comprando, entonces los riesgos serán menores. Cuando una mujer se sueña de alguna manera manejando café es advertencia de que carece de la necesaria discreción, razón por la cual tendrá problemas. Una joven que se sueñe tostando café indica que desea viajar para encontrar marido.

Calabaza. Soñar calabazas es un mal presagio.

Caldera. Indica que debe trabajar mucho antes de obtener el éxito que desea. Soñar calderas u ollas descompuestas o rotas e inútiles anuncia próximos fracasos.

Calendario. Soñar un calendario indica que para conseguir lo que desea requerirá de tenacidad y constancia. Soñar los números de un calendario insinúa una inquietud por estar esperando que suceda algo importante. Este indicado aumenta cuando en el sueño se hojea el calendario buscando alguna fecha específica. En el caso de los enamorados insinúa dudas referentes a la fecha del matrimonio. En los negocios indica que se desconoce la fecha de algún compromiso importante o que ya se conoce pero que hay dudas en cuanto a poder cumplir, como es el caso de las deudas.

Calle. Soñarse vagando en una calle cualquiera anuncia mala suerte en el futuro inmediato, ya sea al padecer una enfermedad o no lograr lo que desea. Soñar que se tropieza al caminar por la calle, subraya lo antes dicho.

Callejón. Soñarse en un callejón cualquiera indica que los asuntos, negocios, etc., se han estancado, que no marchan conforme a lo planeado, lo cual implica que requieren mayor atención. Soñarse dentro de un callejón con abundante basura y mugre advierte que, si no atiende debidamente sus asuntos, pronto tendrá problemas judiciales. Soñarse en un callejón limpio e iluminado indica que los problemas actuales pronto pasarán, dejándolo en una situación satisfactoria.

Calvicie. Soñar que se está quedando calvo siempre indica problemas y sufrimientos cercanos. Soñar a un hombre calvo significa que alguien está tratando de estafar al soñante mediante proposiciones aparentemente lícitas. Éste es un sueño de advertencia para analizar cuidadosamente próximas proposiciones. Una mujer que sueñe a un hombre calvo debe cuidarse de las proposiciones amorosas, ya que pueden ser falsas y provenientes de una persona deshonesta y egoísta. Soñar niños calvos insinúa que se desea vivir en un hogar feliz como consecuencia del matrimonio. La calvicie desde hace mucho tiempo ha sido símbolo de pérdida de energía viril en el hombre y de esterilidad en la mujer, y casualmente en algunos casos indica lo mismo en los sueños.

Cama. Soñar una cama cualquiera sin nada especial en ella suele indicar anhelo sexual no satisfecho. Soñar con claridad una cama limpia, de preferencia si es blanca, insinúa paz y tranquilidad interna del soñante; en cambio, si se trata de una cama sucia, desordenada y peor aún si tiene colores oscuros o negros, anuncia enfermedad ya sea en el soñante o en personas cercanas a él.

Camino. Soñar uno o más caminos, por lo general indica que hay en el soñante una constante inquietud debida a las dudosas condiciones en que se encuentran sus asuntos, negocios, amores, etc., lo cual le produce un constante deseo de hacer cambios en su vida. Las probabilidades de esos cambios casi siempre aparecen en el mismo sueño mostrando las dificultades o facilidades para realizarlos. Siendo así, un camino amplio, largo y limpio, fácil de transitar, indica que todo marcha bien en su vida y que así seguirá durante algún tiempo. Por el contrario, un camino estrecho, lodoso, pedregoso y difícil de transitar indica abundancia de problemas. Soñarse caminando u observando uno o más caminos desconocidos indica que pronto tendrá que atender nuevos asuntos.

Camisa. Soñarse poniéndose una camisa es símbolo de que, debido a su mala conducta, está perdiendo el afecto y respeto de otras personas. Soñar que perdió su camisa es anuncio de contratiempos en los negocios y en lo sentimental. Soñarse exprimiendo una camisa anuncia dificultades en los negocios que terminarán en pérdidas y deudas. Soñar su camisa sucia, manchada o rota es anuncio de una enfermedad muy cercana.

Campana. Soñar el alegre tañer de campanas como consecuencia de una fiesta insinúa que finalmente se triunfará en los asuntos que por el momento se tengan en conflicto o litigio. Soñar que se escucha el sonido de una o más campanas lejanas, especialmente si le ocurre a una persona muy religiosa, anuncia la muerte de alguna amistad que radica lejos. Soñarse escuchando una campana de alarma indica ansiedad, angustia, preocupación.

Caña. Soñarse cortando cañas de azúcar antes del tiempo de la cosecha es símbolo de precipitación y en consecuencia de fracasos y pérdidas. Soñar un cañaveral de azúcar ya listo para la cosecha insinúa que pronto disfrutará de los frutos de su esfuerzo en todas sus actividades.

Canasta. Soñar una canasta rebosante de víveres, y mejor si se lleva en la mano o en el brazo, indica que goza de prosperidad y así seguirá. Soñar que se lleva en la mano una canasta vacía, y peor si es vieja o rota, indica próximos fracasos y penurias que podrían llevarlo a la miseria.

Cangrejo. El soñar cangrejos indica que está manejando sus asuntos de manera ilógica y equivocada, en sentido contrario a lo correcto, todo lo cual, como es natural, le creará muchos problemas de diversa gravedad. En el caso de personas jóvenes, enamorados o no, el soñar cangrejos indica frecuentes discusiones y hasta rompimiento de relaciones.

Cansancio. Indica mala salud o malos negocios o problemas diversos, sin llegar a ser graves.

Cantar. Soñar que alguien canta alegremente es anuncio de buenas noticias de seres queridos lejanos. Soñarse cantando entre personas amables y alegres es promesa de prosperidad y alegría. Si canta con tristeza es anuncio de malas noticias. Soñarse cantando con música moderna indica extravagancia, razón por la cual no logrará éxito en lo que anhela.

Capilla. Soñar una capilla, pero sin entrar en ella, es señal de precaución porque sus negocios andan mal. Soñarse en una pequeña capilla que carece de figuras religiosas insinúa que está a disgusto con sus actividades y que desea cambiar de ocupación en un sitio menos aislado.

Las personas que se sueñan en una capilla implican que sus relaciones sentimentales no son firmes, que sólo son pasajeras, aunque se les confunda con amor verdadero.

Cárcel. Soñarse prisionero indica que vive en ambiente desagradable porque sus enemigos constantemente lo atacan y tratan de perjudicarlo. Soñar que se confina a otras personas en una fortaleza o cárcel insinúa que el soñante cuenta con la capacidad y energía suficientes para dominar a la competencia y lograr el éxito en sus negocios o empleo. Soñarse con armas en la mano defendiendo una fortaleza significa que algunos enemigos tratan de dañar al soñante, pero que fracasarán en su intento. Soñarse atacando con éxito una fortaleza indica que vencerá a los enemigos y los obstáculos que se crucen en su camino. Cuando un hombre o cuando una mujer se sueñan encerrados en la cárcel indica que se sienten rodeados de extremas limitaciones, y en algunos casos insinúa peligros diversos a su alrededor que pueden ser consecuencias de una conducta equivocada o por intrigas de enemigos. Soñarse saliendo de una cárcel significa próximos éxitos en sus actividades, muy a pesar de sus enemigos.

Carne. Es símbolo de enfermedades peligrosas sobre todo si la carne es roja y sangrante.

Carreta. Soñarse viajando en una lenta y anticuada carreta campesina o carro tirada por un viejo caballo o un buey insinúa que se tendrá un trabajo arduo e intenso en el futuro inmediato. Soñarse observando pasar una lenta carreta indica que se recibirán tardíamente malas noticias. Este sueño aconseja que se debe tener paciencia.

Carroza. Soñar una carroza fúnebre indica que las relaciones familiares así como los negocios, el empleo, etc., andan mal. También insinúa que habrá tristeza por desgracias o enfermedades en la familia. Soñar que una carroza fúnebre entra o cruza por el patio de su hogar significa la presencia de un adversario peligroso. Soñarse guiando una carroza sin que lleve un difunto indica que se acusa al soñante de ser extravagante porque su carácter o conducta no son los correctos. Si la carroza transporta un cadáver, el significado se acentúa.

Carta. Es anuncio de cercanas molestias.

Cartera. Soñarse encontrando una cartera anuncia próximos y cortos momentos de alegría, pero que exigen reserva. Soñar una cartera vieja y deteriorada anuncia noticias desfavorables referentes a los asuntos o negocios que se estén manejando. Una joven que sueña que un carterista la roba, indica que es víctima de envidias injustificadas.

Casa. La casa simboliza el cuerpo físico de la persona; por eso, según las condiciones en que aparezca la casa, así se sentirá físicamente. Cuando el soñante ve su propio hogar en el tiempo presente y le parece hermoso y alegre, indica alegría por el éxito en los asuntos y negocios que esté manejando. Cuando en el sueño aparecen casas hogar, particularmente de niños y nuevas, indica tranquilidad y una vida agradable en el hogar y el trabajo. Cuando en el sueño se ven casas pequeñas, viejas y descuidadas indica que está en proceso un desmejoramiento de la salud y que los negocios irán de mal en peor si no se les da inmediata y eficaz atención. Soñar que se abandona la propia casa indica que hay una inquietud interna por aventurarse en nuevas actividades en busca de fortuna. Soñar que se está de visita en el viejo hogar de la época de la niñez o cuando mucho de la juventud indica que recibirá buenas y agradables noticias.

Castillo. Soñar un castillo viejo y deteriorado insinúa todo lo contrario de lo anterior incluyendo las relaciones sentimentales o matrimoniales. Soñarse alejándose de un castillo en el que se vivió, anuncia malos negocios y tal vez robo o pérdidas. El significado básico de un castillo es simplemente vanidad. Soñarse viviendo y gozando en un hermoso castillo significa satisfacción de sí mismo por haber alcanzado una notoria prosperidad que promete alargarse hacia el futuro.

Cátedra. Quiere decir que no se ha puesto atención a las cosas que están sucediendo alrededor.

Cebollas. Soñar cebollas revela ambiciones y envidias personales; así, según el volumen o cantidad de cebollas que se sueñen es la magnitud de las ambiciones. Soñarse comiendo cebollas indica probabilidades de éxito en lo que se ambiciona. Soñarse en una hortaliza viendo crecer las plantas de cebolla insinúa que le llevará tiempo obtener lo que desea. Soñarse cortando cebollas y que su olor le hace llorar indica que requerirá de mucho trabajo y esfuerzo para vencer a los enemigos y competidores antes de triunfar.

Cementerio. Una joven que se sueñe pasando entre tumbas de un cementerio al ir al templo a casarse, puede significar que pronto quedará viuda. Una mujer adulta que se sueñe llevando flores al cementerio sugiere que sus lujos y familiares gozan de buena salud y no hay razón para preocuparse. Una viuda que se sueñe caminando en un cementerio puede significar que pronto volverá a casarse, esta vez corriendo con mejor suerte. Soñarse en un cementerio o panteón puede significar que los seres queridos que se suponían muertos en realidad no lo están y pronto tendrá noticias de ellos. Soñar tumbas abandonadas y olvidadas sugiere que amigos o parientes lejanos que ya estaba olvidando, pronto se harán presentes.

Ceniza. Soñar ceniza de cualquier tipo es siempre un mal indicio, pues al referirse al futuro anuncia situaciones desagradables, como fracasos en los asuntos que se están manejando y en algunos casos hasta una defunción que de alguna manera afectará al soñante.

Las cenizas insinúan que el soñante tiene un complejo de inferioridad, lo que en algunos casos sirve para eliminar suspicacias y ataques de enemigos.

Cepillo. Soñar cepillos para usos diversos indica mucho trabajo, pero bien remunerado. Soñarse cepillando apresuradamente su ropa insinúa que pronto recibirá recompensas y satisfacciones por su labor. Soñar varios cepillos de ropa significa que pronto le aumentarán el trabajo, pero no el sueldo. Soñar cepillos viejos y deteriorados anuncia enfermedades, malos negocios y otros problemas diversos.

Cerdo. Soñar cerdos sanos y gordos insinúa que habrá buenos negocios, pero sin exageraciones. Soñar cerdos flacos y enfermos es anuncio que pasará una mala racha en los asuntos o negocios que se estén manejando. Este sueño en una mujer anuncia diversos problemas, ya sea en el hogar o con familiares o amigos.

Cereales. Ver en sueños granos es buen indicio porque significan que se gozará de buena salud, porque no habrá apuros económicos.

Cerradura. Soñar una cerradura cualquiera, insinúa que se están descuidando asuntos que requieren de atención urgente. Soñar algún tipo de cerradura insinúa que el soñante se siente o se encuentra confundido, desorientado, sin saber qué hacer o decir. Soñarse abriendo o por lo menos moviendo una cerradura, significa que mediante esfuerzo se logrará superar o eliminar las falsedades de personas malintencionadas que buscan perjudicar al soñante.

Cerveza. Soñarse bebiendo cerveza en el interior de una taberna es un mal presagio, pues anuncia disgustos y dificultades. Soñar parroquianos ebrios en una taberna, tomando cerveza o cualquier otro licor, siempre es aviso de que algo se está fraguando contra el soñante.

Chaquira. Soñarse ensartando chaquiras significa que personalidades de cierta importancia se presentarán para ayudar al soñante en sus proyectos. Soñarse contando chaquiras anuncia alegrías y bienestar. Soñar que se caen al suelo las chaquiras y las pisa indica pérdidas en algún sentido.

Chocar. Es la constante obsesión contra algo que conduce siempre a problemas innecesarios, pues soñarse chocando contra algo indica que hay algo que nos produce inquietud.

Cielo. Soñarse mirando hacia el cielo insinúa prosperidad cercana. Soñar el cielo tachonado de estrellas en una noche tranquila indica deseos, ambiciones superiores a la propia capacidad, lo que puede conducir a fracasos. Soñar el cielo y en lugar de estrellas ver a muchos personajes que no son precisamente ángeles, indica que hay deseos espirituales no satisfechos debido a condiciones de la vida desfavorables. Soñar en el cielo a personas conocidas indica que amistades hipócritas están vigilando la conducta del soñante para aprovecharse de sus errores. Soñar un cielo claro y limpio insinúa que el soñante recibirá alguna distinción, como un ascenso en el medio en que se desenvuelve.

Ciudad. Soñar una ciudad desconocida puede tener varios indicados que, aunque controversiales a primera vista, suelen tener un fondo de verdad y de realidad. Por otra parte, soñar una ciudad o país desconocido para el o la soñante puede indicar persistente anhelo de viajar o cambiar de residencia a un lugar lejano.

Cocinar. Soñarse cocinando suele indicar que se está pensando en amigos que se han alejado y con quienes se ha disfrutado ratos agradables, por lo que se desea que regresen pronto. Cuando en el sueño durante la labor de cocinar se produce algún disgusto o pelea con alguien o sucede algo desagradable, indica que los amigos que se esperan le crearán problemas al soñante. Soñarse cocinando en una estufa moderna indica que pronto disminuirán sus problemas. Cuando la soñante es mujer indica que su natural y acostumbrada indiferencia y poca o ninguna manifestación de afecto hace que pierda amistades o simpatías. Soñar una cocina indica que se presentarán sorpresivas situaciones que le molestarán.

Cocodrilo. Soñarse cerca de un cocodrilo es un mal presagio, y peor si el animal ataca al soñante, pues indica graves peligros en muchos sentidos, a menos que el soñante se vea matándolo, en cuyo caso los peligros disminuyen; pero el símbolo indica que para lograrlo se requiere de habilidad y paciencia.

Cojear. Verse cojeando insinúa que hay ciertas preocupaciones por motivos poco importantes, pero que le están molestando.

Comedia. Soñarse presenciando una comedia o pantomima insinúa que los llamados amigos en realidad no lo son, pues sólo fingen. Soñarse participando como actor en una comedia, y peor en una pantomima, es aviso de que las amistades o socios están perdiendo la confianza en el soñante.

Comer. Soñarse comiendo, solitario, indica que está sufriendo depresión, tristeza, melancolía, nostalgia. Soñarse comiendo en compañía de varias personas insinúa que está en el camino de la prosperidad en muchos sentidos. Soñar que quien esté sirviendo la mesa a la hora de la comida se lleva una charola con toda la comida antes de servirla, significa que el soñante no se lleva bien con sus subalternos u otras personas que de alguna manera dependen de él.

Cometa. Soñar un cometa en su movimiento natural viajando en el cielo, es anuncio que en el futuro inmediato se recibirán agradables noticias o sorpresas que le impulsarán para lograr la auto superación, misma que le producirá cierta confusión.

Compromiso. Soñarse en compromisos comerciales insinúa que está reconociendo su torpeza para manejar negocios, por lo que duda de alcanzar el éxito. La gente joven con este sueño, y peor si es estudiante, indica que las dudas los llevarán al fracaso. Soñarse rompiendo un compromiso de cualquier tipo es un buen sueño, pues significa que se está reaccionando acertadamente.

Coñac. Es un aviso en el sentido de que está perdiendo tiempo, oportunidades y amistades por su imprudencia y mala conducta.

Conejo. Anuncian cambios favorables en la vida.

Convento. Soñarse en un convento o monasterio indica que puede estar tranquilo y sin preocupaciones, pues todos sus asuntos o negocios marchan bien. Soñarse entrando a un convento o monasterio y que le cierra el paso un sacerdote indica que no podrá disfrutar de reposo ni tranquilidad debido a que sus asuntos o negocios andan mal, y hay que dedicarles más atención y esfuerzo. Una joven que se sueñe en un convento indica que su personalidad y honestidad están sufriendo deterioro debido a habladurías mal intencionadas y a intrigas de otras mujeres.

Copa. Soñarse bebiendo agua en una copa propia para beber vino indica que está cometiendo errores peligrosos en sus actividades, lo que al final le producirá resultados negativos. Soñar copas de estilo antiguo insinúa que el soñante probablemente recibirá atenciones y tal vez favores de personas extrañas a él. Cuando una mujer se sueña dando a beber a un hombre agua en una copa significa deseos de placeres ilícitos.

Corona. Significa que tiene deseos de cambiar de vida.

Cortinas. Soñar cortinas limpias y bonitas anuncia la visita de personas con muchas pretensiones. Pero si las cortinas aparecen rotas y sucias o viejas, indica que las noticias o personas que reciba serán tan desagradables que le crearán problemas.

Crema. Soñar crema de leche, ya sea sirviéndola o comiéndola, indica que se está en buena posición social y económica, lo que pronto mejorará. Este sueño en personas del campo, por ejemplo granjeros, indica que las próximas cosechas serán buenas. En el caso de personas jóvenes y enamoradas anuncia probabilidad de matrimonio.

Cristal. Soñar objetos de cristal colocados en un orden insinúa que sus asuntos están inactivos, que son frágiles y están a la espera de algo que puede resultar desagradable. Si los objetos aparecen en desorden y algunos están rotos, es anuncio que se acercan malos tiempos, sus asuntos y negocios pronto sufrirán trastornos y hasta pérdidas. Una mujer que sueñe sus muebles y vajilla, todo de cristal, es advertencia de que no debe confiar mucho en algunas de sus amistades porque en ellas predomina la envidia y la hipocresía.

Cristo. Significa que no tiene paz interior por lo que debe buscarla.

Cruz. Soñar una o más cruces es advertencia de que se acercan sufrimientos por causas diversas, no necesariamente originadas por el soñante. Soñar a una o más personas cargando una cruz, quizá para llevarla a un cementerio, insinúa que pronto alguien se acercará en demanda de ayuda. Soñar un crucifijo es símbolo de problemas que se aproximan y que afectarán a varias personas, incluyendo al soñante. Soñarse besando con respeto un crucifijo insinúa que en el futuro inmediato se soportarán con resignación los problemas que se presenten. Cuando una mujer se sueña poseedora de un crucifijo indica que acepta con serenidad la vida que lleva.

Cuchara. Es símbolo de prosperidad.

Cuchillo. Soñar con cuchillos es un mal sueño que siempre predice y previene contra peligros diversos como pleitos, pérdidas, accidentes, etc., y siempre con pocas probabilidades de triunfo para el soñante. El indicado es peor cuando los cuchillos están afilados y puntiagudos.

Soñar cuchillos viejos u oxidados y defectuosos anuncia penas, dificultades, molestias de poca importancia y susceptibles de superarse.

Cuerda. Soñar una cuerda en buenas condiciones indica fidelidad, constancia en la manera de ser y de pensar en todos sus asuntos, incluyendo lo sentimental. Soñarse comprando una cuerda insinúa que se anhela lograr plena estabilidad en todo sentido, incluyendo lo sentimental. Soñarse vendiendo cuerdas insinúa que está cansado de la vida que lleva o del medio en que se desenvuelve y que desea un cambio. Una joven que sueñe cuerdas de cualquier tipo anhela casarse. Si la cuerda es nueva, quiere un marido rico: si la cuerda es vieja, deteriorada o sucia, es anuncio de fracaso en el matrimonio debido a la precipitación. Las cuerdas, cables, reatas, etc., en los sueños indican confusión mental, inmovilidad por estar atado a algo, imposibilidad para actuar.

Cueva. Soñar una cueva o túnel es símbolo de inconstancia en lo que se hace y se piensa con amistades y negocios, o sea que hay frecuentes cambios, lo que no siempre da buenos resultados puesto que se limitan las relaciones de todo tipo.

Cuna. Las cunas son siempre promesa de alegrías. Si la cuna está ocupada por un hermoso bebé, entonces es anuncio de éxitos que se alcanzarán a través de intenso trabajo. Soñarse meciendo a un bebé en su cuna simboliza trabajo y felicidad. Este sueño en una mujer es seria advertencia de lo que le espera al casarse, razón por la que debe mantenerse alerta hacia su futuro inmediato.

— D —

Dados. Simboliza los juegos de azar, especulación, comercio de dudosa legalidad. Este sueño suele anunciar principalmente enfermedades como consecuencia de una vida desordenada y superficial.

Una joven que sueñe a su enamorado jugando a los dados, es un aviso de que no es hombre de fiar.

Daga. Éstas son armas que insinúan un carácter agresivo, debido quizá a graves problemas de difícil solución para el soñante. Cuando en el sueño aparecen estos instrumentos rotos, deteriorados, sucios, etc., habrá pérdidas por los errores cometidos. Soñarse portando o manejando una daga indica que se tiene miedo de algo y se piensa en la venganza. Soñar que la daga se le cae al suelo indica incapacidad, impotencia para resolver sus problemas y, a la vez, para llevar a cabo cualquier venganza.

Dedos. Soñarse con los dedos sucios o lastimados y con sangre insinúa que se acercan sufrimientos diversos. Soñar dedos de la mano limpios y harinosos significa que pronto alguien requerirá de la ayuda del soñante. Soñar uñas de las manos o de los pies debidamente cortadas y limpias indica que se corre el riesgo de sufrir pérdidas materiales provocadas por la intervención de adversarios.

Delantal. Una joven que se sueñe con delantal puesto indica que su futuro inmediato será muy veleidoso, es decir, que no tendrá definiciones claras. Una mujer estudiante que se sueñe con delantal puesto insinúa que saldrá muy mal en sus estudios si no pone mayor atención y empeño. Cuando una mujer se sueña poniéndose un delantal limpio significa que pronto contará con ayudantes o servidumbre en su hogar. Un hombre o una mujer cuando se sueñan con delantal roto, y peor aún si está sucio, indica que próximamente recibirán malas noticias referentes o debidas a falta de honestidad de alguien que puede ser incluso el propio soñante.

El hombre que se sueñe con delantal femenino puesto indica que le falta carácter y decisión.

Demonio. Soñarse peleando y matando al diablo insinúa que se intenta hacer algo imposible que le producirá trastornos y pérdidas. Soñar que el diablo se acerca sonriente y amable es advertencia de que se involucrará en asuntos o negocios deshonestos y peligrosos. Si el diablo se presenta rico y poderoso, es anuncio de pobreza; si se presenta como músico, es anuncio de vicios y degeneración. Soñarse frente a un fantasma con imagen de demonio significa que se está llevando una vida anormal, tal vez inmoral. Una mujer que sueñe esto indica que está perdiendo el aprecio de sus amistades por su mala reputación.

Desastre. Una joven y soltera que se sueñe sufriendo las consecuencias de un desastre de cualquier tipo, insinúa que está en riesgo de morir o de ser abandonada por su enamorado o bien que fallezca algún familiar muy cercano y querido. Soñar un desastre en el mar indica un grave peligro si se realiza próximamente un viaje en cualquier transporte, pero especialmente si se viaja en barco. Este tipo de sueños es particularmente indicativo para marinos o personas que de alguna manera viven en el mar. Soñarse en un desastre marino, pero siendo rescatado, indica que a pesar de todos los problemas finalmente saldrá triunfante.

Desierto. Soñarse solitario en un desierto, y peor si oscuro o nublado, significa pérdidas y malos negocios, así como ausencia de amigos. Cuando una mujer se sueña solitaria en un desierto indica que su reputación está siendo dañada por malas personas, lo que hará que pierda amigos.

Desnudez. Soñar a otras personas desnudas es símbolo de que se desea tener placeres ilícitos. También puede sugerir que algunas de sus amistades no son recomendables y le acarrearán problemas. Cuando una mujer se sueña desvistiéndose y si lo hace en público peor, advierte sobre el riesgo de caer en el escándalo y el desprestigio debido a intrigas y calumnias. Este sueño puede ser un auto reproche a esa conducta que le producirá situaciones negativas. Soñar que repentinamente ve su propia desnudez insinúa que se está cayendo en una conducta negativa, contraria a las normas habituales del soñante. Cuando una mujer se sueña admirando su propia desnudez insinúa que anhela tener relaciones con hombres. Si en el sueño ve que su cuerpo es deforme, significa que es víctima de murmuraciones con el consiguiente desprestigio debido a su mala conducta.

Desván. Insinúa que se tiene la costumbre de quimerizar, vivir de ilusiones, de teorías, siempre alejado de lo práctico, objetivo, funcional o realista. Cuando una mujer se sueña subiendo a un desván puede significar que vive en la vanidad, el egoísmo y en su supuesta grandeza.

Diamantes. Soñarse propietario de diamantes indica que se aspira a poseer grandes riquezas y destacar en sociedad. Una joven y soltera que se sueñe adornada con diamantes insinúa que ansía casarse con un hombre muy rico y de reconocido prestigio en sociedad. Pero si durante el sueño pierde uno o varios diamantes, entonces es un aviso que sus deseos de riquezas fracasarán. Por lo general, soñar diamantes es un buen presagio que anuncia éxitos, pero si se pierde alguno de los que aparecen en el sueño, se convierte en mal presagio.

Dientes. Soñar que se le caen los dientes indica que ya está previendo que recibirá humillaciones y ataques a su orgullo y vanidad, lo que le conducirá a fracasos y tristezas por temor a padecer hambre, miseria, ruina y tristeza. Soñar dientes sanos y hermosos no propios indica buenas amistades. Soñarse admirando los dientes propios debido a su blancura y protección es un signo de vanidad, pero también de satisfacción porque están por realizarse sus deseos. Soñar dientes sucios ajenos insinúa que tendrá problemas con otras personas y quizá algunas enfermedades. Soñar los dientes propios sucios, picados o rotos indica que sus asuntos intereses o negocios andan mal y requieren de toda su atención. Esto anuncia enfermedades. Soñarse lavándose los dientes significa que debe realizar un máximo esfuerzo para recuperar el tiempo y los valores perdidos por su falta de dedicación.

Difunto. Es anuncio que algo grave va a suceder.

Dinero. Cuando una mujer sueña dinero, especialmente en abundancia, insinúa que desea casarse con un hombre rico, o si ya está casada, anhela que el marido se vuelva rico. Soñarse encontrando dinero tirado en el suelo o de cualquier otra manera indica escasez del mismo y además pequeñas preocupaciones, pero con felicidad posterior debido a que habrá cambios en su vida. Soñarse pagando dinero significa que los negocios y asuntos que se estén manejando irán de mal en peor. Soñar que se ahorra y guarda dinero insinúa un cercano futuro de prosperidad.

Divorcio. Soñarse en problemas o litigios de divorcio o ya divorciado(a) significa que en la vida diaria no hay comunicación ni entendimiento en el matrimonio o en la familia, por lo cual se hace necesario revisar esas relaciones antes de que se agraven.

Doctor. Una joven que se sueñe visitando a un doctor es signo de que sus relaciones sentimentales van por mal camino. Soñarse visitando a un médico debido a que se siente enfermo(a) insinúa que el soñante o alguno de su familia requiere inmediata atención médica. Soñarse intervenido quirúrgicamente por un médico anuncia riesgos diversos en su vida. Si en el sueño no se ve sangre, los riesgos son menores y podrán ser controlados; pero si ve que emana sangre, entonces las pérdidas serán cuantiosas e inminentes.

Dominó. Las fichas de dominó indican falsedad, hipocresía y eso debe aplicarse a las personas que aparezcan en el sueño. Soñarse ganando en el dominó indica vanidad, cierto dominio sobre los problemas y enemistades, pero no de manera honesta, lo cual despertará rencores en algunos y admiración en otros, sobre todo en mentes desvergonzadas e inmorales, todo lo cual de alguna manera se manifestará en la vida real.

Dulces. Soñarse elaborando dulces con las manos indica que logrará el éxito que anhela, pero con trabajo arduo y constancia. Soñarle comiendo dulce de cualquier tipo significa particularmente éxitos sociales. En la gente joven son amores y aventuras sentimentales. En los adultos son éxitos y satisfacciones. En la gente vieja indica recuerdos de tiempos idos. Una persona joven que se sueñe recibiendo dulces como obsequio indica amores, pero también adulación y en algunos casos hipocresía de amistades falsas. Soñarse regalando dulces significa que se teme fracasar en sus objetivos.

— E —

Eclipse. Soñar un eclipse de Sol indica que pronto habrá algunos problemas, aunque no duraderos, en los asuntos que se estén manejando, y que al pasar esa mala racha todo volverá a marchar bien.

Edad. Cuando una mujer sueña que se le señala más vieja de lo que en realidad es, indica que tiene amistades negativas e hipócritas que acabarán por perjudicarla. Cuando una mujer se sueña más vieja de lo que en realidad es insinúa que pronto sufrirá una enfermedad, o si es joven, que tendrá dificultades con su novio, amante o esposo. Una mujer que sueñe a su amante más viejo de lo que en realidad es indica que está en riesgo de perderlo. Soñarse tratando amablemente con ancianos es signo de buenos sentimientos, lo que redituará en un afecto sincero por parte de otras personas. Soñarse mintiendo respecto de la propia edad indica falsedad.

Edificio. Soñar que simplemente contempla un edificio significa elevadas ambiciones, pero que no siempre se cumple con los compromisos, lo que le acarreará problemas diversos. Soñar un edificio en sus detalles notando que es hermoso, insinúa que está actuando bien en relación con lo que está haciendo. Soñar un viejo edificio en proceso de destrucción indica propio descuido, negligencia en sus asuntos. Soñar que se posee una casa elegante, como un verdadero edificio, indica que próximamente habrá importantes cambios favorables en sus asuntos que quizá lo obliguen a cambiar de hogar.

Embarazo. Una mujer virgen de cualquier edad que se sueñe embarazada indica escándalos en el futuro inmediato debido principalmente a envidias, intrigas y problemas con quienes la rodean. También insinúa que pronto cambiará su vida y que se recobrará de sus penalidades. Una mujer que sueñe a otra embarazada indica envidia porque se supone que será desdichada en su matrimonio y que sus hijos sufrirán.

Enfermedad. Soñarse enfermo cuando en la realidad no lo está es un aviso del principio de alguna enfermedad que, aunque no sea grave, sí alterará sus actividades. También advierte que podría tener serias dificultades con sus parientes o amigos cercanos. Una joven que se sueñe enferma insinúa que en la realidad está preocupada porque teme quedarse soltera. Soñar enfermedades, y peor aún si aparecen de manera epidémica, indica que está cayendo en trastornos particularmente mentales. Soñar a sus amistades o seres queridos enfermos insinúa que sus familiares o amigos están propensos a sufrir una desgracia que afectará al soñante. Soñar que una enfermera se hospeda en la casa del soñante significa que se aproximan enfermedades y otros problemas, por ejemplo la visita de personas desagradables.

Engaño. Soñarse tramando un engaño o trampa significa que se tiene por costumbre intrigar para obtener ganancias personales. Soñarse sorprendido al realizar un engaño o artimaña es un aviso de que los competidores ganarán en los negocios que haga, siempre con pérdida para el soñante. Soñarse en un juego de baraja o cualquier otro de apuesta, sorprendido haciendo trampa, es anuncio de un grave fracaso. Si es otra la persona que hace trampa, entonces anuncia éxito para el soñante.

Equipaje. Soñar equipaje listo para ser embarcado en algún medio de transporte insinúa el anhelo de cambiar de vida por estar viviendo en un ambiente desagradable. Soñarse caminando y cargando su equipaje significa angustia por lograr cuanto antes un cambio de vida, sin importar lo que suceda con la gente que le rodea. Soñarse perdiendo su equipaje indica próximos fracasos, derrotas, separaciones.

Ermitaño. Indica deseos de cambio.

Escalar. Soñar que es montañista o alpinista y va subiendo por pendientes difíciles, pero que finalmente llega a la cima, indica que tiene amplia capacidad para superar los obstáculos que se le presenten y que pronto logrará el éxito, pero si en el sueño no logra alcanzar la cima, el significado será todo lo contrario. Soñarse subiendo por una escalera portátil hasta llegar a la parte más alta indica éxito en los asuntos que se estén manejando; pero si por cualquier razón no logra llegar a lo más alto o si la escalera se rompe, indicará todo lo contrario y los riesgos serán mayores.

Escarabajo. Si se esconden anuncia pobreza o mala salud, particularmente en la familia. Soñar que un escarabajo se le sube al cuerpo es aviso que se aproximan serios problemas particularmente de salud. Soñarse matando a un escarabajo es signo de autodominio sobre los problemas que se le presenten. Soñar escarabajos que suben por el muro de un hermoso edificio o de un templo es símbolo de prosperidad.

Escoba. Soñarse usando una escoba nueva predice que pronto serán eliminados todos los obstáculos y problemas y que luego vendrá el éxito. Cuando aparece otra persona usando una escoba insinúa que se perderá dinero si se arriesga en algún trato sin pensarlo con detenimiento. Cuando una mujer sueña que pierde su escoba indica que tendrá problemas emocionales debido a su falta de discreción. Una mujer de edad avanzada que se sueñe utilizando la escoba indica que está inmiscuida en chismes y habladurías.

Escribir. Soñarse escribiendo una carta insinúa que pronto se transmitirán noticias a otras personas. Si la carta es muy extensa, se tratará de acusaciones. Soñar a un escritor en su trabajo, pero poseído por la ansiedad, indica que ése es el estado en que se encuentra el soñante.

Escritorio. Si en el sueño se está trabajando sobre un escritorio indica mala suerte y malos augurios.

Escuela. Soñarse visitando una escuela cualquiera indica auto reproche por haber dejado pasar oportunidades valiosas para superarse. Soñarse impartiendo alguna materia en una escuela insinúa que tiene ambiciones intelectuales que no se han podido desarrollar. Soñarse recibiendo honores de una escuela, y cuanto más alto sea el grado mejor, indica prontos éxitos consecuencia de sus esfuerzos intelectuales. Soñarse en una escuela de nivel superior, ya sea como visitante o como estudiante, indica que pronto alcanzará sus metas y recibirá honores.

Soñarse visitando la escuela donde estudió en la niñez, significa un íntimo sentimiento de derrota frente a la vida y en relación con sus actividades actuales.

Escultura. Soñarse trabajando en una escultura sin ser escultor significa que en la vida diaria intenta hacer algo para lo que no tiene la debida preparación ni habilidad. No obstante, cuando en el sueño termina la escultura y además quedó hermosa, indica que resolverá con éxito las complicaciones. Soñar esculturas, especialmente si son antiguas, es anuncio de que pronto se producirán cambios en su vida, pero empeorando su economía, aunque podría mejorar su posición social.

Esmeraldas. Significa que se tienen buenos deseos de hacer negocios.

Espada. Soñar espadas de naipes (baraja) es advertencia de que en el cercano futuro habrá dificultades que pueden ser muy serias y peligrosas. Este sueño es mucho más explícito cuando la espada soñada es el As de Espadas, y en este caso, en la vida real debe procederse con mucho cuidado. Soñarse empuñando una espada militar significa el deseo de alcanzar un puesto de mando, con probabilidades de conseguirlo. Soñar que le quitan la espada de la mano anuncia que fracasará en sus objetivos. Soñar que otras personas empuñan espadas es anuncio que se tropezará con diversos obstáculos antes de lograr lo que desea.

Espárragos. Verse cosechando estos vegetales significa que desea tener éxito pero que le costará un poco de trabajo alcanzarlo, más sin embargo llegará.

Estanque. Se aplica el significado dependiendo el estado del agua.

Estrella. Soñar estrellas en un cielo limpio y hermoso anuncia buena salud, paz interior y un porvenir positivo. No obstante, si aparecen partes nubladas y algunas estrellas rojas, entonces será todo lo contrario. Soñar estrellas fugaces anuncia tristezas e incluso desgracias.

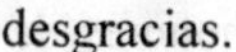

Explosión. Significa que los asuntos de negocio no marcharán bien.

Extranjero. Soñar que uno o más extranjeros viven en su hogar indica que sus relaciones familiares y fraternales son buenas. Soñarse como extranjero en algún sitio indica que busca nuevas amistades que le ayuden a lograr algún propósito personal que le producirá beneficios.

Soñarse atendido amablemente por extranjeros agradables y simpáticos significa que goza de buena salud, y además tiene un futuro exitoso.

— F —

Facturas. Indica que esta descuidando sus obligaciones.

Fango. Soñarse caminando en el fango o lodo es un aviso de que por una conducta indebida se esté desprestigiando ante sus amistades, lo que ocasionará riñas familiares. Soñar a otras personas caminando o chapoteando en el fango insinúa que algo desagradable les sucederá a sus familiares o amigos.

Faro. Soñarse dentro de un faro y viendo el mar insinúa que se acercan las oportunidades que ha estado buscando. Soñar un faro, especialmente si el soñante es marino, indica prosperidad y viaje placenteros. Quien estando enfermo sueñe un faro, indica que pronto empezará a recobrar su salud. Soñar un faro que se pierde de vista debido a una tormenta significa que tendrá muchos problemas antes de alcanzar el éxito.

Felino. Cuando un felino ataca en el sueño significa que el futuro será turbio. Soñarse matando a uno de estos felinos sugiere que, a pesar de las dificultades que se presenten, finalmente triunfará.

Fianza. Soñarse gestionando una fianza significa inseguridad.

Fiesta. Es buen signo sobre todo si la gente baila alegremente.

Flecha. Soñar arcos y flechas de uso deportivo generalmente indica que disfrutará de diversiones sanas, fiestas y tal vez viajes de placer. En caso de que en la realidad esté sufriendo algunos contratiempos, pronto serán superados. Soñar arcos y flechas de cualquier tipo, pero viejos, deteriorados o rotos, indica contratiempos, fracasos y pérdidas en sus relaciones sentimentales, negocios, empleo, estudios, etc. Soñar que alguien le lanza una flecha anuncia peligros, enfermedades e incluso riesgo de muerte por accidente.

Flores. Son augurio de felicidad, pero si sueña que algún familiar muerto le entrega un ramo de flores significa enfermedad y hasta muerte para el soñante.

Fotografía. Soñarse viendo fotografías es anuncio de decepciones, frustraciones y deterioro de las relaciones, particularmente sentimentales. Soñar que se recibe la fotografía de la persona amada insinúa infidelidad, lo que causará una decepción para el soñante. Soñar a otras personas tirando fotografías significa que están por llegar visitas desagradables. Soñarse mirando su propia fotografía indica que su conducta indebida está dañando a otras personas que merecen respeto y estimación.

Freno. Soñar cualquier tipo de freno, ya sea de un caballo o mecánico de algún vehículo, es un aviso en el sentido de que se debe pensar muy bien antes de decidir sobre nuevas relaciones, negocios, etcétera.

Frente. Soñar una frente limpia y sin arrugas que insinúa inteligencia indica que está juzgando bien a las personas con quienes trata. Soñar una frente defectuosa, sucia y arrugada indica que está tratando con personas desagradables y poco contables. Soñarse acariciando la frente de un niño indica que cuenta con amistades sinceras debido al cariño que les demuestra.

Una joven que se sueñe besando la frente de su enamorado, indica próximas dificultades que pueden conducir a la ruptura de relaciones.

Fruta. Si se ve comiendo fruta verde indica que los sucesos por llegar le serán desfavorables. Soñar con fruta todavía en el árbol significa futuro próspero.

Fuego. Soñar un impresionante fuego o el incendio de algo propio indica riesgo de pérdidas, y peor si en el siniestro hay víctimas pero si no las hay y el soñante se ve sólo como espectador, entonces indica que los enemigos o competidores están perdiendo su oportunidad de vencerlo. Soñar un fuego agradable o brillante, es decir sin humo, insinúa que se está en paz consigo mismo, lo que le dará amplias posibilidades de éxito en la vida.

Funeral. Soñarse asistiendo al funeral y entierro de una persona muy estimada o de un familiar insinúa que todo marcha bien en la familia y que pronto habrá una boda.

Fusilamiento. Soñarse en presencia de un fusilamiento o una ejecución en cualquier otra forma anuncia graves preocupaciones, aunque sólo sean de índole moral por culpa del soñante. Soñarse amenazado de ser fusilado o ejecutado de alguna manera, pero que esto se aplaza, indica que triunfará sobre las dificultades que se presenten en el futuro.

— G —

Gafas. Indica su deseo de ocultarse para no enfrentar la realidad.

Gallina. Soñar gallinas cacareando generalmente es señal de disgustos por chismes y habladurías. También suele indicar la noticia inesperada que alguien conocido cayó en la ruina o murió. Soñar una gallina poniendo huevos anuncia importantes ganancias en corto tiempo.

Soñar una gallina picoteando carne es anuncio de que pronto recibirá la recompensa a su esfuerzo o el pago de algunas deudas.

Gallo. Es un buen presagio, pues simboliza la alegría de vivir, sin importar los obstáculos que se presenten en su camino. Una persona soltera, hombre o mujer, que sueñe el canto de un gallo indica matrimonio cercano con muy buenas perspectivas en lo económico. Pero si el canto es por la noche entonces augura tristezas.

Ganchos. Indican molestias en futuros compromisos.

Garrote. Soñarse amenazado por alguien que empuña un garrote insinúa que el soñante tiene adversarios y tal vez desconocidos que pueden ser peligrosos; pero podrá vencerlos a base de audacia e inteligencia.

Gato. Soñar un gato anuncia mala suerte si no se le mata; pero si en el sueño lo mata o lo hace huir, entonces indica éxito en los asuntos que se estén manejando y sobre los enemigos que se tengan. Soñarse atacado por un gato significa que pronto los enemigos darán la cara dañándolo seriamente tanto en su prestigio como en sus valores económicos. Soñar que se atraviesa en el camino un gato sucio y famélico indica para el futuro inmediato tristezas y enfermedades en la familia. Soñar que ve u oye que un gato rasguña la puerta advierte que los enemigos están tratando de perjudicar al soñante. Si el gato se restriega contra sus piernas, insinúa que está rodeado de hipocresía. Cuando una mujer se sueña cargando y acariciando a un gato, indica que alguien la está aconsejando mal en cuanto a sus asuntos sentimentales.

Gemir. Son símbolo de sufrimiento.

Globo. Soñar un globo que se eleva en el espacio hasta perderse en la distancia es anuncio que se frustrarán sus deseos porque se acercan los fracasos en sus actividades. Soñarse viajando en un globo insinúa que está viviendo de ilusiones sin fundamento, o sea que no tiene los pies en la tierra, y si hace un viaje puede resultar desastroso en varios sentidos. Cuando una mujer se sueña flotando como un globo significa que está embarazada o pronto lo estará o desea estarlo.

Granero. Cuando está lleno anuncia prosperidad, en cambio si esta vacío será todo lo contrario.

Granizo. Soñar granizo indica fracaso en los asuntos, negocios, empleo, etc. Soñar que cae granizo con pleno sol insinúa que los problemas pronto pasarán. Una mujer que sueñe esto significa que tendrá complicaciones en su vida sentimental, pero que finalmente triunfará. Soñar que una granizada golpea la casa donde vive insinúa que los problemas presentes y los que surjan en el cercano futuro seguirán por corto tiempo y luego se resolverán.

Guantes. Son indicativos de que se debe tener cuidado.

Guitarra. Una mujer que sueñe la dulce música de una guitarra, pero sin ver el instrumento musical, indica que si no es firme y fuerte, puede caer fácilmente en amores ilícitos o por lo menos ser engañada por falsos amores. Si ve la guitarra con las cuerdas rotas, significa que pronto faltará la armonía a su alrededor e incluso habrá rompimientos sentimentales. Un hombre que sueñe la música de una guitarra insinúa que es susceptible de dejarse arrastrar por amores fáciles que finalmente le crearán problemas. Si se sueña cantando y tocando una guitarra u otro instrumento de cuerda, pero frente a una mujer, indica que sus pretensiones amorosas pueden ser correspondidas. Si además está acompañado de amigos que igualmente tocan algún instrumento y cantan insinúa que pronto regresarán a su lado personas queridas ausentes.

— H —

Hacha. Una joven que sueñe a su pretendiente usando un hacha, significa que es un hombre trabajador aunque no goza de muy buena salud. Soñar un hacha indica que no podrá alcanzar sus metas si no realiza un verdadero esfuerzo. Soñar a otras personas trabajando con hachas insinúa que otras personas viven bien debido a su trabajo y que quien se rodea de gente activa y dinámica siempre prospera y satisface sus deseos. Soñar un hacha vieja, rota, deteriorada, indica pocas probabilidades de obtener lo que desea, y si son riquezas, las probabilidades son mucho menores. Soñar un hacha manchada, quizá de sangre aunque no se esté muy seguro, es anuncio funesto, pues indica que se está en riesgo inminente de caer en problemas.

Harina. Significa que tendrá una vida holgada sobre todo si la ve regada en el piso.

Herencia. Soñarse recibiendo una herencia anuncia que se acerca el éxito largamente esperado. Por otra parte este sueño suele ser sólo una prolongación del pensamiento cotidiano; es decir, que se está esperanzado en recibir una herencia por la inminente muerte de un pariente rico o por vivir en una difícil situación económica.

Herradura. Son símbolo de suerte y fortuna.

Herramientas. Soñar herramientas de trabajo, significa que cuanto antes se debe terminar el trabajo ya empezado, o el negocio suspendido. Soñar herramientas rotas o inútiles para trabajar con ellas, insinúa que se acercan problemas de índole diversa.

Hierro. Si está viejo, oxidado o sucio, indica desgracia, angustia, congoja, pérdidas, etcétera.

Soñarse sintiendo sobre el cuerpo el peso de un hierro anuncia una confusión mental que le producirá pérdidas. Soñarse golpeando algo con un objeto de hierro anuncia propio egoísmo y crueldad contra quienes rodean al soñante. Soñarse trabajando en objetos de hierro insinúa que el sujeto se vale de triquiñuelas para ganar dinero. Soñarse comerciando con objetos o materiales de hierro es anuncio de que no tendrá éxito en sus actividades.

Higos. Si están inmaduros indica deficiencia en la salud, pero si son de sabor exquisito y los come significa que tendrá éxito en todo lo que haga.

Horca. Soñar a un familiar o amigo o simple conocido que va a ser ahorcado, insinúa que el soñante puede caer en situaciones difíciles de resolver, afectando a familiares y amigos. Una joven que sueñe que están ahorcando a su novio indica que las promesas de su pretendiente no son sinceras. Soñarse próximo a ser ahorcado significa que se sufrirán perjuicios por intrigas, falsedades y calumnias. Soñarse salvando a alguien de la horca indica que tendrá éxito en los asuntos que esté manejando. Soñarse ahorcando a un enemigo conocido anuncia que triunfará sobre las adversidades o sus enemigos.

Hormigas. Las hormigas son siempre símbolo de intenso trabajo, inteligente y organizado, por lo cual aluden a la personalidad del soñante en el sentido de que debe tomar ese ejemplo, quizá porque es negligente en sus responsabilidades, lo cual lo conducirá a diversos tropiezos.

Hospital. Soñarse en el interior de un sanatorio, asilo u hospital es señal de que se está padeciendo alguna enfermedad que no ha sido atendida o que en los negocios y otros asuntos se ha ido cayendo en situaciones cada día más críticas.

Hotel. Es símbolo de independencia o el deseo de tenerla.

Huerto. Soñar que se cruza por un huerto en flor acompañado de un ser querido (novia[o], cónyuge, madre, hijos) indica que se realizarán los bellos sueños y deseos que se tengan, siempre y cuando sean razonables y factibles. Soñar que en dicho huerto abunda la fruta ya madura, indica gratificación por la fe puesta en lo que se ha hecho, una recompensa en el futuro inmediato, con paz y felicidad en el hogar. Soñar que está en un huerto y surgen animales comiéndose la fruta caída al suelo, indica que perderá en las disputas y conflictos que tenga o que estén por suceder, debido a que lo reclamado no le pertenece. Soñar que se recoge una fruta madura, de cualquier clase, es signo de prosperidad y éxitos diversos.

Hule. Es símbolo de reconocimiento, por lo que si ve que está vestido de hule significa que recibirá reconocimientos.

Humo. Significa deseos pasajeros.

— I —

Ídolo. Soñarse admirando ídolos de cualquier época, religión o ideología advierte que se está deteniendo el propio progreso, lo que le impedirá triunfar en los negocios, superarse en su empleo y lograr cambios ventajosos, lo que puede redundar en desprestigio. Este sueño por lo general insinúa que debe estar más al día. Soñarse rompiendo ídolos es un aviso de que debe aplicar la suficiente energía consigo mismo(a) a fin de lograr auto superación en todos sentidos. Soñar a familiares o amigos admirando ídolos es un aviso de que con esas personas no se podrá obtener relaciones amistosas perdurables.

Inundación. Soñar una gran inundación de aguas broncas y peor si aparecen sucias insinúa que el soñante y sus familiares enfrentarán malos tiempos en diversos sentidos. Soñar personas nadando angustiosamente en una inundación tratando de salvar sus vidas, significa que los males que se aproximan afectarán a mucha gente. Soñar que las aguas de una inundación son claras, limpias y tranquilas indica que los males o crisis que lleguen a presentarse serán leves y pronto pasarán.

Invento. Verse creando uno significa que desea realizar cosas nuevas.

— J —

Jabón. Indica que se lleva una vida recta, lo que motiva la estimación de otras personas. Una joven que se sueñe manejando jabón es anuncio de que rechazará insinuaciones pecaminosas de su novio u otra persona malintencionada.

Jamón. Soñarse comiendo jamón indica que desea viajar.

Jardín. Soñarse en un hermoso jardín (vergel) con abundancia de flores, tranquilo, sin ruidos ni molestias, indica que el soñante está en paz consigo mismo. Soñarse en un jardín florido, paseando acompañado del ser amado, insinúa próxima felicidad y éxitos gracias al acierto con que está manejando sus asuntos. Soñar un jardín mustio, escaso de flores, como generalmente sucede en época de invierno, insinúa que pronto pasará momentos de tristeza por enfermedades o pérdidas. Si está perdido es anuncio de mala suerte y fracasos en todo lo que emprenda.

Jaula. Una persona con hijos que sueñe jaulas grandes con pájaros cantores dentro, significa que vive feliz rodeado(a) de sus hijos, y además en buenas condiciones económicas. Una mujer soltera que sueñe un pájaro enjaulado, es anuncio de que pronto se casará con un hombre de buena posición económica. Soñar jaulas sin pájaros dentro insinúa que en el futuro inmediato habrá tristezas, enfermedades, pérdidas y hasta desgracias, incluyendo el riesgo de ser encarcelado(a). Soñarse enjaulando a una fiera indica confianza en sí mismo, fuerza y energía para enfrentar los problemas que eventualmente se presenten. En cambio, si el/la soñante aparece dentro de una jaula con uno o más animales, indica que está involucrado en serios y peligrosos asuntos de los que no se podrá librar fácilmente.

Joven. Soñar gente joven insinúa que las dificultades familiares pronto desaparecerán, lo que le permitirá hacer nuevos planes. Sentirse como joven cuando ya no lo es, indica un auto reproche por no haber aprovechado debidamente las oportunidades que se presentaron en otro tiempo. Una madre que sueña a su hijo (que ya es adulto) como niño, suele indicar que se acerca el éxito y la prosperidad para la soñante y el hijo.

Juez. Soñar a un juez es un aviso de que puede verse envuelto en problemas legales y judiciales. Soñarse frente a un juez es un aviso en el sentido de que los propios asuntos no se están manejando correctamente. En el caso que en el juicio el juez sentencie favorablemente, entonces indica que sus problemas tendrán feliz resultado; pero si en el sueño el juez falla en contra del soñante, entonces es una seria advertencia de peligro.

— L —

Labrador. Si lo ve trabajando significa que desea mejorar su empleo para darle mejores cosas a su familia.

Lagartija. Indica que se está llevando, por lo menos hasta el presente, una vida miserable no tanto en lo económico, sino principalmente en lo mental, moral y social.

Lámpara. Soñar lámparas, faroles o cualquier aparato manual que sirva para iluminar al caminar y que está encendido, insinúa que en la vida real el soñante está atento a sus propios asuntos, incluyendo los de conciencia, lo cual redundará en su propio beneficio. Soñarse encendiendo una lámpara indica que iniciará con éxito los asuntos que esté manejando. Soñar objetos de iluminación, pero apagados, insinúa confusión mental, por lo que no se sabe qué camino tomar; pero si aparecen con luz tenue próxima a extinguirse, significa que todo lo deseado está por perderse y que debe trabajar intensamente para evitarlo.

Lancha. Si va en ella significa que desea salir de sus problemas, pero si ésta se llega a hundir indica que todo estará perdido.

Lápiz. Indica que conseguirá un empleo agradable.

Látigo. Significa sufrimientos y frustraciones.

Leche. Soñar muchos y grandes recipientes llenos de leche indica una buena racha y buenos negocios, asociaciones ventajosas, etc., todo en el futuro inmediato. Pero si los recipientes tienen poca leche, y peor si aparecen vacíos, indica todo lo contrario. Soñarse cargando un recipiente con leche indica que el soñante trabaja sirviendo a otros y que no está a gusto, razón por la que aspira a algo mejor. Soñarse bebiendo leche es un sueño favorable que anuncia abundancia en el hogar.

León. Soñar uno o más leones indica que una energía superior está protegiendo al soñante, por lo tanto, tendrá éxito en lo que se propone. Soñar que doma o domina a un león insinúa que el soñante posee suficiente carácter, energía y capacidad para conquistar sus metas. Pero si el león se enfurece y lo ataca, entonces significa que los enemigos son demasiado fuertes, poniendo en peligro su victoria. Soñar leones enjaulados anuncia que duda de su capacidad para lograr lo que desea.

Librería. Significa que anhela auto superación.

Libros. Indica siempre intenso trabajo. Si sueña que está estudiando con libros en la mano significa grandes satisfacciones.

Limón. Soñar limones indica envidia con resentimiento del soñante contra otras personas. Este indicado es más definitivo cuando los limones aparecen inmaduros en un árbol que no sea propiedad del soñante. Soñarse chupando un limón insinúa que el soñante se siente humillado por una causa que bien puede ser injustificada. En personas casadas, soñar que de alguna manera intervienen limones inmaduros significa desavenencias susceptibles de empeorar.

Esto mismo entre novios suele indicar rompimiento de relaciones sentimentales.

Limosna. Soñarse dando limosna a alguien ante muchas personas indica vanidad, y en algunos casos orgullo por lo que se ha logrado y exhibicionismo por ello. Soñarse negando limosna a quien la está pidiendo insinúa que pronto le pedirán un favor que el soñante ha estado negando. Soñarse dando limosna a casas de beneficencia anuncia que está en riesgo de perder sus posesiones a consecuencia de envidias y ambiciones de sus competidores. Jóvenes enamorados que sueñen dándose limosna, indica que pronto sufrirán alguna decepción por la presencia de rivales en amores.

Lluvia. Soñarse en una refrescante y hermosa lluvia iluminada por el sol insinúa que pronto habrá alegría y prosperidad, relacionado de alguna manera con la juventud. Soñar que se escucha o se ve una intensa lluvia y el soñante se guarece para no mojarse, significa que tendrá éxito en sus proyectos y planes. Soñar que otras personas se están mojando por exponerse a la lluvia anuncia que el soñante se está alejando de algunas amistades porque, debido a sospechas, les está perdiendo la confianza. Cuando en el sueño descubre que debido a la lluvia hay goteras en la habitación indica el deseo de tener amoríos ilícitos. Cuando esas goteras son de agua sucia y lodosa, señala que el soñante tendrá problemas serios y hasta peligrosos.

Luna. Una persona joven que sueñe la luna, insinúa que está viviendo su edad o época romántica, de ilusiones diversas, entre ellas el amor. En general, soñar la luna suele advertir que se está actuando con demasiada lentitud y descuido en los propios asuntos lo cual conducirá a fracasos. En algunos casos, soñar la luna indica que no se están atendiendo los problemas cotidianos por desconocimiento de los mismos, razón por la que no se comprenden, lo que conducirá a errores y fracasos. Una mujer que sueñe una luna roja, como si estuviera ensangrentada, indica que perderá a su enamorado como consecuencia de una guerra, riña o accidente.

Luto. Soñarse vestido(a) de luto por la muerte de un niño, anuncia que los propios asuntos y proyectos sufrirán tropiezos y fracasos. También suele anunciar frustración de una boda.

Luz. Anuncia éxitos cercanos para quien la tenga más cerca, por lo que si es el soñante mejor. Soñar serpientes iluminadas de cualquier manera es un aviso de que intentan acercarse peligrosos enemigos que esperan la oportunidad de perjudicar al soñante.

— M —

Madera. Soñar madera apilada insinúa inconformidad, con su ocupación actual, que exige trabajo intenso y mal remunerado a juicio del soñante. Soñar madera para construcción que se está incendiando por un descuido y que causará pérdidas importantes indica desatención, negligencia en la vida del soñante. Soñarse trabajando con madera significa que se tienen esperanzas inútiles de lograr lo que se anhela.

Madre. Soñar a su madre, ya muerta, en su personalidad natural indica una protección superior que le ayudará a alcanzar el éxito. Soñarse conversando con su madre, en caso de estar viva, insinúa que están por llegar buenas noticias sobre su empleo.

Maleta. Soñar portafolios o maletas de viaje sugiere que se anhela realizar un largo viaje, o un cambio en su forma de vida y en el empleo o en los negocios. La posibilidad de realización de ese anhelo depende de cómo se vea la maleta (nueva y bonita, vieja y fea, rota, etcétera).

Si la maleta se pierde o desaparece, sugiere que habrá frustraciones y pocas probabilidades de éxito en lo deseado.

Mantel. Soñarse ante un mantel limpio y hermoso es un buen presagio, pues indica que por lo menos en el futuro inmediato gozará de prosperidad en su vida. Soñarse quitando de la mesa un mantel para guardarlo indica que, o no habrá tal invitación a alguna reunión importante, o que si la hay, el soñante no podrá asistir.

Manuscrito. Soñarse reconociendo un manuscrito como suyo es advertencia de que personas que actúan de mala fe utilizarán y alterarán lo que haya dicho para perjudicar al soñante con calumnias.

Mapa. Soñarse estudiando un mapa cualquiera insinúa que habrá importantes cambios en la vida y quizá algunos viajes, luego de haber pasado por fracasos, frustraciones o contratiempos, lo que finalmente redundará en beneficio del soñante. Soñarse buscando un mapa significa que sufre una confusión al buscar soluciones a sus problemas.

Mariposa. Soñar mariposas en un jardín verde adornado con flores indica prosperidad durante un largo tiempo pero advierte que la inconstancia lo perjudicará. Cuando las mariposas vuelan cerca del soñante es anuncio que pronto recibirá buenas noticias de seres queridos. Esto mismo para una joven, especialmente si es en edad de casarse, indica que sus deseos de amor están muy cerca de realizarse. La mariposa blanca simboliza pureza de pensamiento.

Máscara. Significa que alguien está actuando con hipocresías.

Mercado. Soñarse en un mercado advierte que debe supervisar sus propios asuntos. Soñar un mercado vacío de mercancías insinúa que los propios asuntos van muy mal y seguirán empeorando. Soñar un mercado donde los vegetales en venta están marchitos significa que por propia negligencia se están perdiendo oportunidades para superarse.

Mesa. Soñarse comiendo en una mesa sin mantel indica que anhela una completa independencia en el manejo de su vida, lo que pronto logrará sin importar lo que pueda afectar a otras personas. Soñarse preparando la mesa del comedor porque se esperan invitados y visitas indica que cuenta con buenas amistades y hay prosperidad en sus asuntos o negocios, gracias a sus buenas relaciones. Soñar a alguien parado o sentado ante una mesa de comedor indica que desea obtener favores a cambio de indiscreciones. Soñarse ante una mesa limpiando trastos y sobrantes de comida indica que su prosperidad y tranquilidad pronto se convertirán en fracasos y tristezas.

Miel. Indica que goza de buena salud. Soñarse comiendo miel simboliza que desea encontrar un amor.

Monedas. Soñar monedas sin determinar su valor, por lo general indica necesidades económicas. Soñar monedas de oro, y más si distingue su valor, insinúa que lleva una vida holgada rodeada de diversión, paseos, fiestas, viajes; pero si se las llega a encontrar en el camino significa miseria.

Monja. Cuando una mujer sueña que se hace monja o por lo menos vive como tal, indica que está adoptando una actitud de resistencia, quizá de rebeldía por verse obligada a realizar actos y labores que no son de su agrado y que juzga reprobables. Cuando una mujer ve en sueños que se le acerca una monja sonriente indica probabilidades de éxito en sus metas debido, por lo menos en parte, a la intervención de buenas amistades. En cierta forma, este sueño relativo a la presencia de una o más religiosas indica introversión, es decir, reproche de la propia conciencia así como anhelo de acercamiento al ser supremo o a fuerzas superiores con el fin de recibir su ayuda.

Monos. Soñar monos lejanos suele referirse a familiares lejanos o amistades que se encuentran en una situación moral difícil y que pronto le pedirán consejo o ayuda. Soñar monos pequeños, jugueteando nerviosos, trepando a los árboles, insinúa que hay enemistades hipócritas cerca del soñante que se proponen hacerle daño o por lo menos fastidiarlo. Soñar monos cercanos, gritando y moviéndose, saltando, es anuncio de próximas decepciones debido a chismes e intrigas por parte de amistades hipócritas y envidiosas.

Monumento. Indican separaciones y rompimiento de relaciones.

Mula. La mula es un símbolo de esclavitud como quiera que se le sueñe; por lo tanto, el soñante en su subconsciente se está considerando un esclavo debido a que lo están sometiendo a situaciones, tareas o trato humillante. Una joven que se sueña montando una mula blanca, indica matrimonio cercano, pero por interés, no por amor. Si ya es casada, indica que el marido está logrando una posición económica holgada.

Museo. Soñarse dentro de un museo insinúa que tendrá que pasar por muchas situaciones y experiencias difíciles, lo mismo buenas que adversas, antes de lograr lo que se desea. Si el museo está semivacío de visitantes, desatendido, entonces sus probabilidades de éxito serán menores.

— N —

Naipes. Sugieren ligereza y poca atención a los negocios y relaciones.

Naranjas. Soñarse en un naranjal ya próximo a la cosecha sugiere que pronto disfrutará de los éxitos anhelados. Soñarse comiendo naranjas agrias es símbolo de tropiezos y fracasos cercanos, incluso de padecimientos propios o enfermedades en sus familiares o amigos cercanos, negocios desafortunados o frustraciones sociales. Pero si la naranja es dulce y exquisita, entonces significa todo lo contrario.

Navidad. Soñar un árbol de Navidad adornado e iluminado es anuncio de cercanas alegrías y puede anunciar un sorpresivo golpe de buena suerte en los negocios o dinero. Soñar un árbol de Navidad, pero sin adornos ni luces, insinúa que pronto habrá incidentes desagradables y desafortunados después de haber disfrutado de bienestar, prosperidad y alegría.

Nido. Soñar un nido de aves vacío sugiere que los propios asuntos y negocios no marchan bien y que de momento no es posible mejorarlos. Soñar un nido con huevos significa que los propios asuntos y negocios prometen buenos dividendos a corto plazo, pero no se deben echar las campanas al vuelo, sino esperar pacientemente. Soñar pajaritos recién nacidos y en su nido augura que el soñante hará un viaje a consecuencia de éxitos que conducen a la prosperidad.

También puede significar que pronto aumentará la familia.

Novios. Una mujer de cualquier edad que se sueñe vestida de novia sin que se vaya a casar, puede significar que pronto recibirá malos tratos y malas noticias, ya sea de familiares o de amistades muy estimadas. Una joven que se sueñe vestida de novia y besando a algunas personas, no es indicio de que habrá boda, sino simplemente que en su futuro tendrá muchas amistades y diversiones. Cuando son las amistades quienes besan a la soñante, puede significar que el novio, ya después de casados, recibirá importantes beneficios económicos. Quien sueñe que besa a una novia en un matrimonio y que se ve enferma o a disgusto, puede significar que el o la soñante pronto verá afectados sus intereses y que perderá amistades. El hombre que se sueñe abandonando a la novia estando ya por casarse, puede significar que en la vida real está perdiendo valores humanos de diversa índole que ya no podrá recuperar.

Nudos. Significan preocupaciones.

—O—

Observatorio. Soñarse en un observatorio mirando las estrellas sugiere que se está en la posibilidad de alcanzar un importante nivel en la sociedad o en otra actividad, tal vez en el medio intelectual. Una joven que se sueña mirando las estrellas sugiere que anhela tener diversiones y disfrutar en compañía del ser amado.

Oficina. Soñarse dirigiendo o manejando una oficina en la que hay muchos empleados sugiere que se tienen ambiciones de progreso, sin importar los medios que utilice para realizarlas. Soñarse separado, liquidado en un empleo de oficina sugiere que pronto sufrirá pérdidas diversas.

Oídos. Significa que hay personas espiándolo.

Oro. Es símbolo de contrariedad, si lo encuentra en su camino significa que sufrirá pobreza, en tanto que si lo que se encuentra es cobre será todo lo contrario.

Otoño. Una joven que se sueñe en época de otoño, puede significar que en la vida real está luchando para mejorar su nivel de vida apoyándose en la cooperación familiar y de sus amistades. En caso de que pretenda casarse en la época de otoño, entonces es un buen signo que promete prosperidad.

— P —

Padre. Ver al propio padre significa que se acercan problemas.

Palacio. Soñar un palacio de cualquier época sugiere que los propios asuntos van muy bien y que pronto se verán los resultados, particularmente económicos, lo que le permitirá mejorar su posición social. Soñarse en una fiesta dentro de un palacio sugiere aceptación en la sociedad a consecuencia de haber triunfado en asuntos importantes. Este mismo sueño en una joven y de escasos recursos sugiere que logrará el cambio que anhela casándose con un hombre de buena posición.

Pan. El pan blanco simboliza alimento provechoso y salud. El pan negro simboliza pobreza. El pan dulce y de colores simboliza fiestas y alegrías. El pan viejo, enmohecido, significa enfermedad. Soñarse comiendo pan blanco significa buenas condiciones de salud. Soñarse comiendo pan negro puede significar que pronto tendrá sufrimientos y penurias.

Pantano. Simboliza el auto reproche.

Paraguas. Es símbolo de problemas.

Pared. Sugiere dificultades a menos que se este escalando.

Pastel. Soñar pasteles sugiere que le acechan personas que actúan de mala fe. Soñarse comiendo pasteles anuncia la presencia de amigos hipócritas. Cuando una mujer se sueña horneando pasteles sugiere que piensa engañar o por lo menos bromear a alguien.

Peluca. Soñarse usando peluca sugiere que tendrá que hacer algunos cambios que quizá le den un mal resultado. Soñarse perdiendo su peluca sugiere que se está en desventaja contra los enemigos. Soñar a otras personas que innecesariamente usan peluca es indicio de falsedades que pueden afectar al soñante.

Perfume. Es anuncio de éxito cercano.

Pez. Soñarse pescando y logrando por lo menos una pieza, significa éxito en los asuntos y negocios, tal vez reflejado en forma de dinero o de valores, todo en el futuro inmediato; porque es anuncio de buena suerte.

Piedra. Soñarse lastimado por una pedrada u otro tipo de proyectil sin conocer el origen, sugiere que próximamente habrá tropiezos y contratiempos en sus actividades. Cuando se sabe quién lo golpeó y el soñante se defiende exitosamente del ataque, puede significar que sus problemas no serán de importancia. Soñarse apedreando a alguien sugiere concubinatos o amoríos.

Pirámide. Anuncia cambios importantes.

Plata. Soñar barras de plata es un aviso de que no se debe depender solamente del dinero para obtener holgura, tranquilidad y felicidad en la vida. Soñarse encontrando casualmente monedas de plata sugiere que hay pobreza en otras personas, sin que haya necesariamente riqueza del soñante. Soñar utensilios de plata, por ejemplo vajillas, es anuncio de próximas preocupaciones, frustraciones y molestias diversas.

Porcelana. Soñar porcelana nueva, reluciente, significa negocios exitosos y prosperidad; pero si la porcelana aparece sucia o vieja, puede significar que todo le saldrá mal.

Puente. En los sueños, cualquier puente significa un cambio hacia lo desconocido e imprevisible, por lo general sujeto a riesgos y aun a peligros como son las calumnias, intrigas, traiciones, hipocresías y estafas. Soñarse pasando sobre un puente de cualquier tipo sugiere que pronto tendrá malas noticias.

— Q —

Quemar. Soñar enormes llamaradas como las que se producen en los campos de labranza para preparar las siembras, es un buen presagio para el futuro inmediato. Soñar que su casa se está quemando anuncia desgracias en la familia, pérdidas en los negocios, fracasos en amores, etc. Soñarse quemando algo sugiere que pronto saldrá de los problemas que le aquejan. Soñar que se quema las manos es símbolo de arrepentimiento por haber hecho algo indebido.

Quijada. Soñar a personas con grandes quijadas sugiere que habrá situaciones desagradables en sociedad, entre amigos o familiares. Soñarse rodeado o cerca de quijadas de algún animal es siempre anuncio de algo desagradable.

— R —

Recámara. Anuncia cambios, y dependiendo de las condiciones de la recámara éstos serán al contrario, es decir, si es lujosa habrá pobreza, pero si es muy humilde habrá logros y mucho dinero.

Red. Soñar una o más redes de pescador sugiere que pronto disfrutará de pequeñas satisfacciones y ganancias. Si aparece colgada o enrollada, significa contratiempos y disgustos. Soñar redes de pesca anuncia problemas diversos que requieren de inmediata atención para evitar complicaciones. Soñarse cubriendo algo con una red sugiere que se está actuando indebidamente, perjudicando a otras personas. Soñar una red vieja y deteriorada sugiere que los propios asuntos y negocios van de mal en peor y que no se podrán remediar a corto plazo.

Regalo. Si se recibe anuncia éxito, pero si se ofrece significa que ayudará a alguien cercano.

Reloj. Sugiere actividad y movimiento.

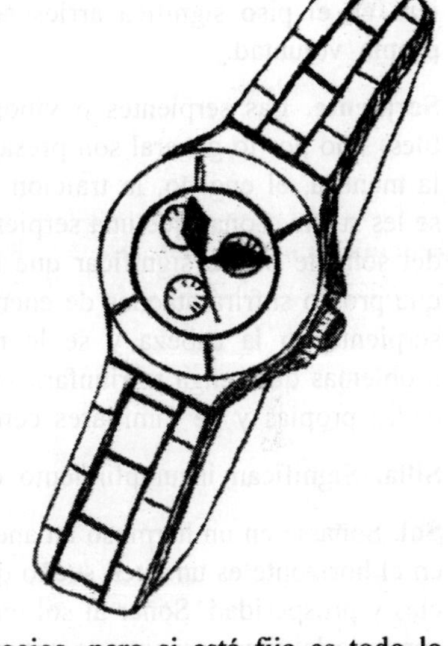

Río. Simboliza la vida.

Rosas. Soñar rosas es anuncio de felicidad y diversiones así como amores sinceros. Rosas marchitas en los sueños anuncian desengaños y falsos amores. Rosas blancas anuncian paz interna, pero débil de salud. Una joven que se sueña cortando o juntando rosas para hacer un bouquet, significa que tendrá momentos de alegría y algunos éxitos.

Rueda. Si está girando significa entrada de dinero en los negocios, pero si está fija es todo lo contrario.

— S —

Sacerdote. Significa retraso de anhelos y posible enfermedad.

Sal. Soñarse comiendo algo muy salado o masticando sal puede significar que tiene muy pocas o ninguna probabilidad de superar sus problemas. Una joven que se sueñe comiendo sal o algo muy salado es augurio de que pronto romperá sus relaciones sentimentales, amistosas o de empleo, y quizá hasta las familiares.

Sapo. Soñar sapos y ranas es buen augurio.

Semillas. Soñar semillas de cualquier planta significa intenso trabajo en el presente y prosperidad en el futuro inmediato. En general, las semillas son la imagen de los propios proyectos.

Sepultura. Soñar una sepultura vacía o un pozo, anuncia que se están corriendo riesgos innecesarios en lo que se está planeando o haciendo. Soñarse cayendo en una sepultura o pozo anuncia desgracias. Soñarse bajando a un sepulcro, tumba, pozo o cualquier agujero en el piso significa arriesgarse por necesidad, aun contra la propia voluntad.

Serpiente. Las serpientes o víboras no solamente son desagradables, sino por lo general son presagio de problemas provocados por la mentira, el engaño, la traición o el sexo, dependiendo de cómo se les sueñe. Soñar que una serpiente ataca y se enreda en el cuerpo del soñante puede significar que está siendo víctima de intrigas y que pronto sufrirá ataques de enemigos. Soñar que se golpea a una serpiente en la cabeza y se le mata, significa que superará los problemas que tenga y triunfará sobre los enemigos o las enfermedades propias y de familiares cercanos.

Silla. Significan incumplimiento de obligaciones.

Sol. Soñarse en un hermoso amanecer cuando el sol empieza a salir en el horizonte es un buen sueño que anuncia futuros éxitos, ganancias y prosperidad. Soñar al sol en el cenit insinúa que se está muy cerca de la cima respecto de sus metas y que sólo falta proteger lo ya obtenido. Soñar al sol en un hermoso ocaso es anuncio de una vida próspera y holgada, a condición de vigilar la propia conducta. Soñar que el sol se filtra entre las nubes insinúa que los problemas que se presentan no serán preocupantes y los resolverá finalmente.

— T —

Tabaco. Soñar tabaco, ya sea en la planta, en hojas, en cigarros o en pipa, o simplemente el humo del tabaco, significa buenos negocios en el futuro inmediato, pero mala suerte en amores.

Tarot. Generalmente hablando, soñar con el tarot, es una señal clara de que se tienen muchas inquietudes.

Té. Insinúa que lleva una vida tranquila y sin complicaciones.

Telaraña. Soñar simplemente una tela de araña implica la probabilidad de entrar en tratos o relaciones o negocios en los que debe actuar con cautela. Debemos tener mucho cuidado con nuestros adversarios, ya que en estos momentos están preparando trampas contra nosotros para hacernos caer en situaciones de las que nos será muy difícil salir y que tendrán funestas consecuencias. Soñar arañas tejiendo su red indica que está seguro y feliz en su medio ambiente.

Templo. Significa temor a los problemas y la necesidad de sentirse cobijado.

Tienda. Sin importar la clase o estilo significa que necesita superarse en todos los sentidos.

Toga. Soñar togas de magistrados significa intervención de leyes en los propios asuntos, o sea que habrá problemas judiciales. Soñarse usando una toga insinúa que se está interviniendo en asuntos ajenos lo cual provocará resentimientos y situaciones molestas. Una joven que se sueñe vistiendo toga significa que está siendo calumniada por adversarios o amistades hipócritas.

Tormenta. Son llamada de alerta.

Toro. El toro es tradicionalmente un símbolo de pasión. Soñarse perseguido por un toro, cuanto más feroz peor, insinúa que los asuntos que se estén manejando se complicarán por propio descuido y la intervención de personas hipócritas y envidiosas que pretenden hacerle mal. Si el toro es negro, debe tener mucho cuidado con lo que hace y dice, porque los enemigos son peligrosos. Si el toro es blanco, insinúa que finalmente todo será resuelto favorablemente y que mejorarán sus asuntos. Si el toro negro se detiene sin llegar a atacar, insinúa que el soñante tiene un control total sobre sus asuntos. Cuando una mujer se sueña perseguida por un toro, especialmente si es de color blanco o simplemente claro, significa proposiciones serias de matrimonio, pero que no le convienen debido a que pronto recibirá otras más ventajosas.

— U —

Uniforme. Soñar uniformes de cualquier clase, pero especialmente militares sugiere el deseo de tener amistad o relaciones en el medio oficial para obtener algún tipo de ayuda. Una joven que se sueña vistiendo de uniforme sugiere que le gustaría relacionarse con algún militar, pero si en el sueño arroja el uniforme al suelo, entonces puede significar que simplemente gusta de las aventuras peligrosas. Soñar que se está vestido con un uniforme es indicador de honores y fama.

Universo. Es siempre un sueño tranquilizante e inspirador, que propicia la serenidad y la calma. Casi siempre, este sueño señala el inicio de un buen momento para realizar todo tipo de actividades creativas.

Uvas. Soñarse comiendo uvas sugiere que pronto tendrá diversas responsabilidades que manejará con éxito. Soñar racimos de uva colgando de la planta sugiere que el éxito esperado tardará en llegar. Soñarse comiendo uvas, pero pensando que pueden ser dañinas, tal vez venenosas, puede significar que tiene dudas en los asuntos que está manejando, lo cual retardará y quizá le impedirá alcanzar el éxito. Esta fruta es símbolo de alegría y desinhibición.

— V —

Vacas. Soñar vacas gordas y hermosas sugiere que para el soñante todo marcha bien y así seguirá por lo menos en el futuro inmediato. Este sueño en una mujer puede significar que sus deseos se realizarán. Soñar la ordeña de vacas sanas y gordas sugiere que sus asuntos van viento en popa. Soñar vacas flacas en campos de pasto pobre simboliza todo lo contrario.

Vaina. Ver o sostener la vaina de una espada en sueños es generalmente un presagio de ruptura de las relaciones matrimoniales o simplemente amorosas.

Vasija. Soñar con vasijas, tales como botes, cubas, jarras o jarrones, es un buen augurio y en general presagia bienestar familiar, alegrías compartidas con los amigos. Si durante el sueño la vasija se rompe es sinónimo de disputas.

Villa. Ver en sueños una hermosa villa, suele ser augurio de un próximo, agradable y muy probablemente fructífero viaje. Si, por el contrario, la villa aparece en ruinas en el sueño, puede ser una advertencia para no realizar un viaje planeado si es que no deseamos tener contratiempos desagradables.

Volcán. Ver en sueños un volcán es presagio de que alguna situación, buena o mala, que se estaba fraguando desde hacía un tiempo va a explotar.

— W —

Whisky. Soñar con esta bebida espirituosa suele ser anuncio de relaciones amistosas corteses e interesadas.

— Y —

Yate. Significa que desea eludir sus responsabilidades.

Yegua. Soñar con una yegua de buena estampa, suele ser indicador de que el cónyuge, novio o novia son personas buenas y agradecidas. Si en el sueño aparece una yegua flaca y desgarbada suele ser indicio de que una mujer aparecerá en la vida del soñante causándole serios disgustos, especialmente si el soñante es hombre. Si en el sueño la yegua cojea, es símbolo de habladurías y traiciones.

Yeso. Pronostica épocas penosas sin importar cómo se vea en el sueño.

Yugo. Es presagio de matrimonio feliz.

Yunque. El yunque y el martillo son las dos principales e imprescindibles herramientas de todo herrero o forjador, y en ese trabajo son de uso constante el fuego, los hierros calientes al rojo vivo y las chispas. Todo ese conjunto en sí es un símbolo muy antiguo de intenso trabajo creativo, lo que suele aparecer en los sueños simbolizando trabajo firme y productivo. Soñar simplemente un yunque puede significar que se goza de buena salud y que los negocios están firmes.

— Z —

Zanahorias. Si en el sueño las zanahorias son recién cosechadas y se mantienen frescas, suele ser augurio de alegrías en la familia y entendimiento con los que nos rodean. Con todo, cuando en el sueño las zanahorias se muestran estropeadas o podridas, suelen presagiar el hecho de que seremos responsables de la separación de otras personas.

Zángano. Soñar zánganos suele ser una advertencia de que deberíamos apartarnos de ciertas amistades que sólo tratan de explotarnos, casi siempre aprovechándose e intentando sacar dinero. En cualquier caso es una advertencia y una llamada a tener precaución.

Zanja. Si en el sueño se cae en una zanja significa que alguien trata de engañar al soñante. Si se sueña que se salta la zanja es señal de un grave e inminente peligro. Si quien sueña se encuentra cavando una zanja, suele ser anuncio de bienes de fortuna. Si la zanja se cubre de tierra, suele ser indicador de pérdidas en el trabajo o en los negocios.

Zapatos. Una joven que sueñe que admiran sus zapatos nuevos, debe tener cuidado con las nuevas amistades, especialmente los hombres, cuando se le acerquen con inusual familiaridad, ya que pueden ser aduladores hipócritas. Soñar zapatos sin ningún otro detalle significa cambios en el futuro inmediato. Si los zapatos son nuevos, sugiere que pronto habrá algunas ganancias. Si aparecen viejos y rotos, significa pobreza.

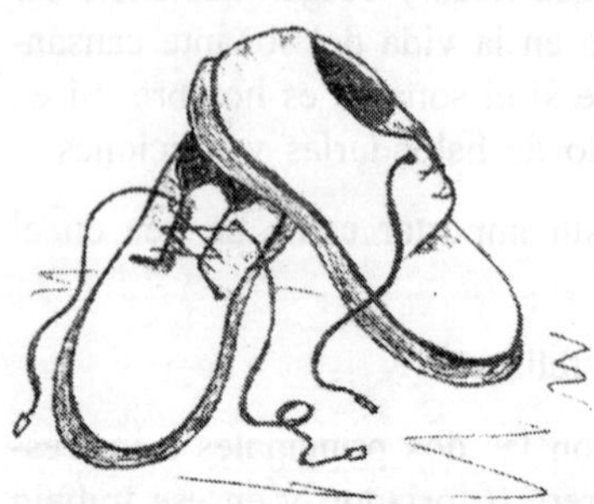

Zoológico. Anuncia altibajos en los negocios.

Zorro. Soñar un zorro o una zorra suele ser una indicación de que un allegado se revelará nocivo para sus ambiciones e intereses. Si no se toman las debidas precauciones y se actúa a tiempo, es muy posible que diversos actos en contra del soñante, que entorpecerán sus actividades, puedan perjudicar sus finanzas.

Esta obra se terminó de imprimir en los talleres de
Impre Mac S.A. de C.V.
Calle 16 de Septiembre No. 29-A Col. San Francisco Culhuacán
C.P. 04260 México D.F. 5582 1778